生命樹

Health is the greatest gift, contentment the greatest wealth.
~Gautama Buddha

健康是最大的利益，知足是最好的財富。 ——佛陀

親愛的
醫師媽媽

早產兒守護者許瓊心醫師
與她的巴掌仙子

許瓊心——口述　孫秀惠——撰寫

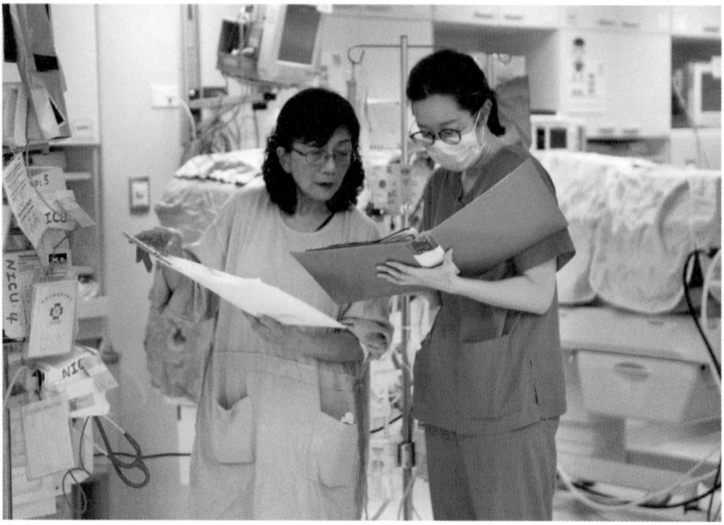

對於許瓊心而言，每天最關鍵的時刻，除了夜巡，還有半夜十二點最後一次出爐的檢查報告（更多內容可參見第一章）。**孫意晴攝**

吊車尾考上高雄醫學院的許瓊心，在當年畢業那一屆的醫學系中，一百多個醫學生，只有十位女生（右圖照片中間為連江豐醫師，後方則為許瓊心）。從此，她踏上四十多年的從醫之路（更多內容可參見第二章）。

許瓊心與連江豐醫師從大學一年級的同班同學成為人生伴侶，至今已四十多年。對她而言，他不只是伴侶、摯友，更是她的「眼與耳」（更多內容可參見第八章）。

真正的「醫者」教育，是從許瓊心（後排左四）到馬偕醫院實習才開始，並且及早體驗到醫師要面對的生命不可承受之重（更多內容可參見第二章）。

一九七八年馬偕醫院醫師群合影。許瓊心（後排左七）是兒科第一位女住院醫師，前排左三則是當年錄取她的黃富源醫師（更多內容可參見第三章）。**馬偕紀念醫院提供**

一九七五年，黃富源醫師（左一）的一句，「我對女生沒有偏見，只要妳有實力，就來跟大家一起競爭吧！」許瓊心與恩師從此為了馬偕兒科的發展一同努力。

一歲多的許瓊心，便經歷二二八事件。不知自己家庭已經翻覆的小瓊心，二歲時便由舅舅扶養，改名「林瓊心」。圖為許瓊心（左）與表姊惠米合照（更多內容可參見第六章）。

許瓊心的爸爸許燈炎與媽媽林冠玉因在日本求學而相識、相戀。一九四八年回到台灣，兩人結為連理；翌年生下許瓊心（更多內容可參見第七章）。

一九七五年林冠玉（左）攝於許瓊心（右）與連江豐的訂婚典禮。

結婚後，許瓊心跟媽媽的關係開始變得親近，卻在心靈慢慢靠近彼此時，媽媽跟隨弟弟移民美國，兩人分隔兩地。上圖為一九九四年林冠玉攝於舊金山家門口；下圖為她返台時，與女兒許瓊心、孫女連蘭誼合影（更多內容可參見第七章）。

剛升上主治醫師的許瓊心認真地學用耳鏡，連帶影響了二女兒連蘭誼，小小年紀就學著模仿媽媽，而留下這張有趣的照片。

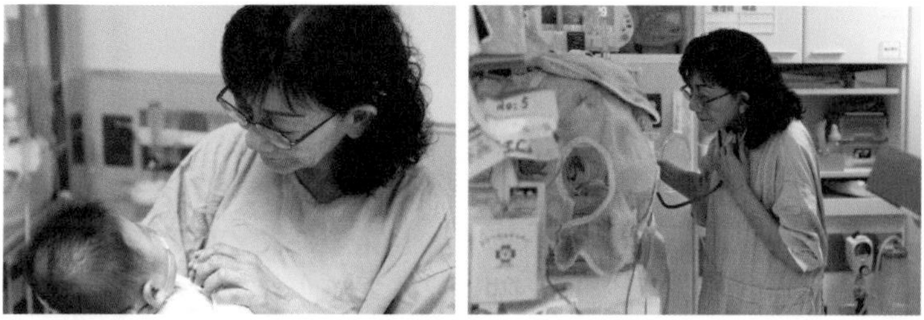

馬偕新生病房最美的風景之一，就是看著許瓊心抱著早產兒細心觀察孩子的反應；以及溫柔地拿著她的聽診器，聆聽那小小而有力的心跳聲（更多內容可參見第四、五章）。**孫意晴攝**

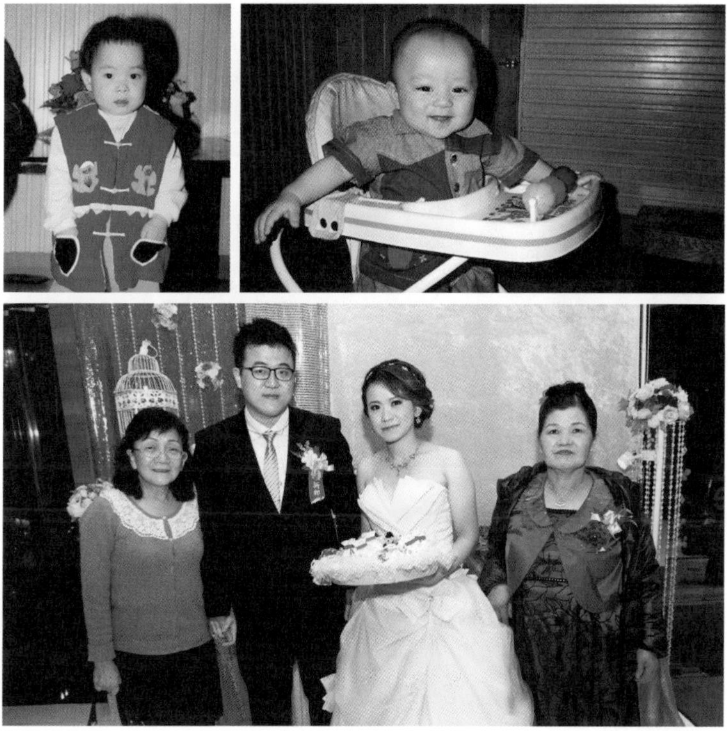

以前的人相信，若是孩子不容易養大，要找個鎮得住的人來當契父母。許瓊心常因為家長的一句話，就認了早產寶寶當「乾兒子」、「乾女兒」。甚至在他們長大成家後，親自參加婚禮、坐主桌位（更多內容可參見第五章）。

對於朝夕相處的醫療團隊，許瓊心說：「在我眼中，他們比我原生家庭的家人還要親。」在有笑有淚的團隊中，他們唯一的目標就是：一切都是為了病人，不為個人（更多內容可參見第十一、十二章）。

推薦序

一生的神聖志業

連江豐 醫師
台北榮民總醫院前副院長

大學畢業第一年，許瓊心服務於省立基隆醫院（現衛生福利部基隆醫院）小兒科，只要遇到家境貧窮、病情嚴重的小病人，她曾多次抽自己的血給病人，替病人出診療費，買奶粉送病人。

那時，我就確定她在愛護病人與病人家屬上，比我足足高了一等，於是下定決心要支持她、幫助她，讓她發揮能力與愛心。感謝當初這個決定，讓我在接下來的四十五年，能夠一直好好地幫助她，讓她全心全力愛護及治療早產兒，並且為他們爭取權益。為此，**她總是用盡心神、體力與時間，讓人驚訝，為何能如此長久付出？**

許瓊心從小有特殊的命運與生活，因而沒有自信、退縮、沉默，講話很小聲，羨慕同學有溫暖的家，實際上覺得自己是弱勢者。然而同時間上帝卻不斷地接近她、照顧她、帶領她。這中間的經歷，包括初中時唸天主教聖心女中，大學時遇見德文老師桂偉神父，大三時有高雄法蒂瑪聖母堂的陳尚禮神父，大四有高醫天主教同學會的鄧念慈神父，還有台北聖家堂的高道興神父。所有的教導都是要愛護所有人，特別是貧窮的、幼小的、生病的、弱勢的。許瓊心一邊接受教導，一邊感受到溫暖，一步一步恢復信心。

一九七五年，上帝帶領許瓊心進入台灣基督長老教會台北馬偕紀念醫院，對她來說這裡是上帝溫暖的家，並且在馬偕醫院找到她一生的志向——**救援早產兒**。因為早產兒是幼小的、弱勢的。她要像上帝幫助她一樣，一步步將早產兒養大，帶領他們回到父母溫暖的家。這是她神聖的任務，所以她願意長時間用盡心神、體力與時間來照顧早產兒。

她之所以如此推崇馬偕醫院，是因為院方最能了解早產兒的需要，並且願意去改善。馬偕醫院早產兒醫療團隊同樣是最好的，每個成員都很有愛心，能夠迅速、準確、又善於彼此合作。雖然偶爾會為了病人的治療討論、爭執，但很快又能恢復如一家人的親近。書中有很多早產兒相關疾病再加上醫療團隊的真實故事，**生動地表現出加護病房的景象**，是相當少有的資料。

因為許瓊心把早產兒及家屬們當作自己家人，都會提供私人手機號碼，讓他們有任何問題可以即時聯絡。正因為和家屬有如此密切的聯繫，才能真實地在書中呈現：早產兒照護過程以及家屬心境的各種畫面，讓大家看到早產兒與其家庭的真實生活。

這本書非常推薦醫護人員、學生及社會大眾閱讀，進一步了解早產兒。最後，願每一位早產兒都能平安順利長大，回到父母溫暖的家。

推薦序

早產寶寶最溫暖的「再造母親」

許文紅
文曄集團營運長

盛夏的午後，巴哈的樂章在客廳流動著。我凝視女兒在黑白琴鍵上移動的雙手，偶爾她頭一偏，臉龐還掛著一抹淺淺的微笑。望著女兒的笑容，我看得入神……突然間跌入時空隧道，來到十二年前。眼前浮現的是：女兒剛出生時的模樣。第一眼見到的她，不但膚色發黑，長相宛若「E.T.外星人」。更令人驚訝的是：我完全聽不到她的哭聲。

才巴掌大的女兒，體重僅八百公克，小小的腿只有我的手指長。她的肺還沒長，只能靠插管打氧氣。當下的我，脆弱無助、擔心害怕，心疼的淚水狂飆而下。**我的心被困在一堵厚厚的黑牆，找不到出路！**此時，一盞明燈出現了，女兒的主治醫生——許瓊心醫師，用溫暖而理性的口吻安慰我：「媽媽不要哭，妳現在唯一能幫小孩的就是把自己照顧好，最實際幫助她的方法就是餵她喝母奶。」

我家的「巴掌天使」被許醫師不分日夜地看護著，三個多月後養到二千多公克，與一般足月孩子無異。許醫師是陪伴我們度過生命中最艱難時刻的貴人，更是**台灣許許多多早產寶寶們的「再造母親」**！我特別感動於：她不分家屬的家境好壞，一視同仁地給予最妥善的照顧。在病房走廊，我常看到她用自己許多額外的時間，接受家長的諮詢。在家屬的心中，許醫師一直是早產兒家庭最強而有力的後盾。

這本書，寫的就是早產寶寶守護者——許瓊心醫師和她的「巴掌仙子們」的故事。我非常榮幸能為這本書寫推薦文，再次感謝許醫師和她的團隊，這幾十年來極力爭取台灣早產兒的照護權利，並且大大提升了早產兒醫療的照護品質。

推薦序

寧願燒盡、不願銹壞

馮翠珍
早產兒家長、
中國文化大學中國文學系助理教授

我帶著眼淚、看完這本許醫師的傳記，內心無限激動。因為其中有太多的敘述，寫出了身在新生兒加護病房外的家長只能耳聞、但無從理解與目睹的過程。

當時的我們，只能在外等候著，等著一天兩次進入病房探視寶寶的時間，卻不知道在這兩次之間，孩子一路在許媽咪的看顧下，度過了多少的驚濤駭浪。許醫師又是用了多少的努力，帶領著團隊把這些孩子一個個從鬼門關拉回來。

我的女兒，是二十九週出生的早產兒。這是我結婚後期盼了四年、經過兩次人工受孕，好不容易得到的孩子。

在孩子出生之前，我已經在馬偕的安胎病房待了六週多。然而二十七週提早破水，我終究還是生下了一個「巴掌天使」。

許多人聽到我的孩子是早產兒，都會對我說：「啊，照顧這樣的孩子很辛苦吧⁉」然而我的回答千篇一律：「不，我不辛苦。最辛苦的那一段，許醫師跟她的團隊都已經幫我搞定，**我是抱著一個健康的孩子回家的**。」

女兒出生時一一六六公克，因為植入性胎盤而剖腹生產完的我，直到半夜醒來，才知道從她出生的下午一點到凌晨零點，許醫師為了讓這個倔強小傢伙的血氧穩定下來，已經為她換了三種呼吸器材、不眠不休看護著她。當我第一次在保溫箱外看著孩子，忍不住淚流滿面，哭得連護理師都關心地問我：「媽媽，妳是不是有什麼困難？妳放心，我們這裡有很多支援系統……。」

然而護理師不知道的是，那是無限感激的淚水：因為我知道我的孩子有福了，我知道我來對了地方。**原來世界上真的有這樣一群人默默奉獻著自己，真的可以做到「寧願燒盡、不願銹壞」**。

許醫師是這樣一個讓家長可以全然依託、全然信任的對象。在我的心中，那樣一個有著嬌小身軀、卻毫不與死神妥協的她，就是一個聖人。

讀著她的故事，看著身旁已進入國中、熟睡的孩子，我的內心只有感恩：感恩老天，賜給我們許瓊心醫師！

推薦序

傳遞上帝的愛

陳治平 醫師
馬偕醫院高危險妊娠學科教授、
馬偕醫院總院副院長、
早產兒基金會董事長

馬偕醫院婦產部，幾十年來每個月均定期與新生兒科有周產期罹病率和死亡率討論會，針對困難或有處理疑義的病例提出討論，每次會議小兒科的黃富源、何文佑、高信安、洪漢陽與許瓊心幾位醫師，和婦產科醫師從個案孕婦待產時胎兒監視、生產時機、生產方式、新生兒急救，甚至抗生素使用等都會進行熱烈討論。

許醫師一向非常直白，經常針對病例激動地檢討我們是否有可以做得更好的地方。這是我當婦產部住院醫師時，第一次接觸到許醫師的印象。近三十年過去，許醫師仍不改其風格，她所帶領的新生兒科團隊也讓我們產科團隊很放心地把新生兒託付給他們。

我們照護的高危險孕產婦，經常有許多來自中下階層的弱勢族群，在疾病的溝通或認知上常有困難，但在產前會診時常見許醫師耐心的解釋。她常告誡年輕醫師，**醫療不可因病人身分或經濟狀況有所不同**，弱勢族群更需要醫師幫助。

這二年，因為台灣市場太小，許多早產兒或新生兒使用的醫材和藥品供應商陸續退出市場造成臨床困難，許醫師又偕同早產兒基金會同仁積極前進立法院，訴諸媒體，呼籲政府重視小兒科醫療問題。

聽說許醫師七十歲了，但我有幾次週末深夜在醫院電梯還碰到剛從新生兒科加護病房忙完的許醫師。很難想像那麼資深的醫師，多年來仍對病人那麼投入。

許醫師對病人就像聖經《歌羅西書》三章十二節所說，「你們既是神的選民，聖潔蒙愛的人，就要存憐憫、恩慈、謙虛、溫柔、忍耐的心。」**她把愛和需要傳遞到需要的地方，讓病患也能感受到上帝的愛**。

推薦序

不只救命、更拯救家庭的許媽咪

黃昭瑛
兩個極低體重早產兒家長、
KKday旅遊平台行銷長
暨東北亞中心全球副總裁

「愛不是將自己剩餘的、不要的分給別人，而是以全心將自己所有的、心愛的分給大家。」許瓊心醫師新書裡有這麼一句話。

在替小豆慶祝完生日後，我拿到當初照顧他和妹妹Kitty、許瓊心醫師（我們都叫她許媽咪）即將出版的新書。過去幾十年救活很多早產兒的許媽咪，為了早產兒總是不眠不休，看完書之後，這才發現還有那麼多令我驚訝的人生故事。

十一年前我因為安胎失敗而生下二十八週的小豆，主治醫生是當時的主任許瓊心醫師。有一天，因為小豆的腦部出血沒有控制下來（從一度出血到二度後來變成三度，出血位置在運動神經，這樣的腦傷兒會影響大動作的發展），我在他的保溫箱旁大哭。當時許醫師看到我哭，沒有安慰我，反而用堅定的語氣對我說：「媽媽，小孩都那麼勇敢活下來了，妳為什麼要哭？現在只是有可能需要長期復健和觀察，妳現在哭好像抹煞孩子努力活下來的勇氣。」

宛如當頭棒喝一般，從那一天起，我不再哭泣；只要擔心、焦慮，我就禱告。從我不再哭泣的那天開始，孩子情況奇蹟似好轉，出院後我因為許醫師一句話：自己帶孩子對腦傷兒的發展比較好。我辭掉人人稱羨的好工作，每天替小豆復健、回診，後來在小學前總算追上足月兒的發展。這段重要的早療時期，改變了發展遲緩的小豆和一個家庭，後來這故事也成為許多早產兒尤其是腦傷兒家庭的祝福與信心。我才發現，原來許醫師在過去幾十年來，**為台灣醫治的不只是早產兒的生命，還有許多個家庭的人生**。

書中提到許醫師因為一個早產兒的遺憾，而開始把自己的手機號碼給那些極低體重、需要特別留意的早產兒家長。要求大家一旦發現症狀必須立刻打給她，不可以拖也不可以等掛號，因為早產兒回家後很容易因為病毒感染再次入院，甚至插管，最後發生不幸的例子也有，她還要求媽媽必須嚴格限制訪客……正因為這些預防控制的教育做得好，還有許醫師緊急時不分晝夜的幫助，我相信很多早產兒都免於更嚴重的風險。

我們家小豆和同為極低體重早產兒的妹妹也受惠良多，常常一點小感冒症狀也趕快打給許醫師，約在她新生兒加護病房外面走廊上碰面。不管任何時間，她都願意伸出她的援手，這樣偉大的醫師，當年被評選為台灣百大良醫，真的當之無愧。

九年前妹妹出生時，週數比哥哥還低，狀況也不太樂觀。許醫師因為我一句話，親自陪我進產房，Kitty 一出生就直接在產檯旁急救。說也奇怪，我一看到許醫師就信心滿滿、毫不害怕。早產兒併發症多，前面幾個月除了努力活下來還有許多必要的醫治，不過兩兄妹現在健健康康快快樂樂的，都要感謝許醫師從出生以來的照顧、追蹤以及早療安排。

更要感謝她安慰家長的心，讓我們能堅定地走在孩子的成長道路上。許醫師的愛與投入也改變我很多，重出職場後，我變得完全不一樣了。

很開心看到許醫師出書，也謝謝《商業周刊》，這些偉大的故事應該多被傳播，讓台灣充滿溫暖的力量。

推薦序

永不喊累的許阿姨

黃富源 醫師
前衛生署副署長、
馬偕兒童醫院名譽顧問醫師

第一次見到許瓊心是在一九七五年，我還是馬偕小兒科主任時，算算時間，我們竟然已經結識超過四十年。當年，我面對來應徵的八、九十位醫師，這位秀氣的女醫師讓我印象特別深刻。

面試時，對於我提出的問題，許瓊心的回答不僅口齒清晰、邏輯清楚，更在近九十位醫師只錄取三位住院醫師的高度競爭下，徹底發揮了她在基隆醫院一年的實務經驗，能力不容小覷。更因為她的堅定信仰與溫和真誠的態度，讓我更深信馬偕小兒科能有她的加入必定會有更好的發展。

果不其然，在她成為馬偕兒科第一位女住院醫師後，我立刻對她那嬌小身軀中併發出的巨大能量與體力所折服。

在第一、二年的住院醫師生涯裡，許瓊心不僅待在醫院的時間很長，更讓我覺得不簡單的是——**她是發自真心在愛她的病人**。所以直至今日，我對她的稱呼都還是「許阿姨」，如此溫暖的醫師，在我看來她真的是唯一了。

除了真心分享、付出，她更把默默關懷病人作為一生的志業，對於名利頭銜毫不在乎。對她而言，**「把病人擺第一」，才是她的首要任務，而且永不喊累**。所以，跟在許阿姨身邊的醫療人員，總是忍不住跟著她的腳步，就算被嚴格的許阿姨要求與責備，都會在擦乾眼淚後，仍真心感謝她的指導。

一九七八年，在我成立台灣第一個新生兒加護病房時，為了提升台灣的新生兒醫療照護，我立刻派了許瓊心前往克里夫蘭醫院（Cleveland Clinic）。沒想到，在其他醫師對於前往美國受訓卻步時，她完全「不怕」，成為第一個受訓的醫師。自此開了眼界，更催促她的同學洪漢陽醫師一定要去受訓。可以說，馬偕的新生兒科可以蓬勃發展，這兩位醫師功不可沒。

奉獻超過四十年，就算退休了，許瓊心仍然時常出現在醫院關心她的團隊與病人，對於薪水、頭銜完全不在意。

我還記得她跟我說過一句話，「父母給了我一個健康的身體，讓我能在醫院工作而不覺得累。」這讓我相當驚訝與佩服。我更希望台灣的醫療界，能多一點像「許瓊心」的醫師，這對我們每個人而言都會是一大福音。

推薦序

真正的醫者典範

劉建良 醫師
馬偕紀念醫院院長

個人行醫近四十年，擔任醫院各階主管二十多年，期間遇過不少令人敬佩、術德兼具的好醫師，但是許瓊心醫師絕對是我所認識最令人景仰、醫術精湛、醫德無瑕，**良醫中的良醫**。

每年除夕當天傍晚，馬偕醫院的院長、副院長、院牧部主任與院長室主任，都會到院區各個單位，向輪值的醫護人員與後勤同仁們拜早年。記得這十年來，每次巡到新生兒加護病房（ＮＩＣＵ）或新生兒病房（ＮＢＣ）時，總會看到許瓊心醫師的身影。

不論是下午四點還是已近六點，許醫師都還在病房單位打點她那些小寶貝的大小事宜。有時是拿著聽診器聽小寶貝的呼吸或心跳，有時是用她那經驗老到的雙手摸小寶貝的肚子、四肢、皮膚，評估小生命是否有脹氣、水分攝取是否適當。如果小寶貝正好解便，甚至趨前看看大便的顏色、聞聞大便的氣味……。

每每想到那幅影像，總深受感動，這才是真正的醫者典範。而那些**巴掌仙子就是在這樣的愛心、細心照護下，小生命才得以存活、成長**。

許瓊心醫師是一位不計較個人權益、名分的好醫師，在她的心中永遠只有小病人的利益，完全體現了「多走一哩路」的馬偕文化，「寧願燒盡、不願銹壞」的馬偕核心價值可說是她行醫的寫照。

因為所有時間都奉獻給病人，雖然許醫師的臨床經驗無人能出其右，也經常查看醫學文獻、參加醫學研討會，吸取最先進的臨床新知技能，但卻抽不出時間來爭取自己的教職升等，所以她並沒有像許多醫師一樣具備教授資格。

但是在許多同事、學生與病人的心目中，她卻是最具教授資格的良醫，所以有人說：**許醫師是沒有教授頭銜的大教授**。

聽聞《商業周刊》將為許瓊心醫師出版專書，介紹這位良醫中的良醫，邀請我寫序，個人深感榮幸，立即先睹為快，深受感動與激勵。在這生活步調快速忙碌，醫德正逐漸被淡忘忽略的時代，謹寫此序向諸位先進與後起之秀推薦這一本《親愛的醫師媽媽》，相信你也會從字裡行間受到感動與激勵。

推薦序

傳心：從巴掌仙子留下大愛

楊育正 醫師
前馬偕醫院院長、
台灣安寧照顧基金會董事長

許醫師要出書了！我深知她不是要宣揚自己的成就，而是要傳承一生努力走過的路和方向，正如我常對學生們所說；「傳藝容易，傳心難。」藉著出書，**一位先行者留下一路的印記，讓後學者在沿此心靈地圖前行時，可以少走岔路，一路攻頂**。

我和許醫師一起在馬偕醫院當實習醫師，從此同事逾四十年，我可以說是一路上知其人也知其行。我們也一起在中華民國早產兒基金會服事過，看到她在歷次的參訪中用心學習，將經驗帶回台灣，並推展為當代新生兒照護模式。

那年我擔任早產兒基金會董事長，許醫師告訴我想推展重症新生兒最終的安寧照護。並且著重在父母最後的安寧陪伴，安慰他們的憂傷，減少心中遺憾和長期的哀傷。我常常想起她向我解說時，噙著淚水，一臉悲憫的模樣。

有一次，我們在醫院的醫學倫理委員會上討論，當極低體重新生兒若已經過我們全力醫治而不能挽回時，那最後停止呼吸器該如何進行？許醫師毫不猶豫地說，她會與其父母詳盡的醫病溝通，最後都是由她流著淚水、關上機器，不想讓父母親手執行留下心裡的傷痕，其用心之熱忱，用情之深遠，有若此者！

許醫師苦人所苦，推愛及人，自己所經手過的照顧，常記在心裡，矢志不讓遺憾再發生。深願許醫師的大愛事蹟，藉著此書留下紀錄，留下典範，更留下傳承，榮神益人！

推薦序

守護小腳丫們的神仙教母

蕭彤雯
全方位媒體人、飛碟電台節目主持人

我是蕭彤雯。過去二十年間最為人所知的身分，是新聞主播；現在，是廣播節目主持人及自由工作者。但最讓我感到驕傲的身分，是新竹馬偕醫院蘇聰賢院長口中所稱的「安胎模範生」。

四十歲時懷上小兒子，胚胎才十七週大，我就因為早期子宮收縮，入院進行二十四小時完全臥床安胎，吃喝拉撒睡都在病床上，一躺就是一百一十三天。過程挨了二百多針、雙腿肌肉萎縮，辛苦過程為的就是讓孩子最終能捱到三十四週才出生。雖然仍是早產兒，卻是相對健康、問題較少的「晚期早產兒」。

我清楚記得在緊急被推進開刀房的那一刻，我默默對著肚子裡的孩子說：「寶貝，媽咪只能用身體保護你到這裡，接下來你要靠自己努力了。」

但事實上他靠的不僅是自己，還有台北馬偕強大的早產兒照護團隊。許瓊心醫師——早產兒家屬口中親暱喊著的「許阿姨」，正是一手打造這個團隊的精神領袖。即便年過七十，早可以輕鬆過著退休生活，她仍終日為早產兒議題奔走，甚至因為擔心狀況不佳的孩子，整夜守在加護病房，寸步不離。

說來慚愧。身為資深醫藥記者，但我對早產兒基金會及相關照護領域的了解，卻是從自己安胎後才真正開始。近幾年來，在許多早產兒活動中與許醫師同台，數度因為她的分享而感動落淚。**若早產兒是巴掌仙子，那麼許醫師就是「巴掌仙子的仙子」，是小腳丫們的神仙教母。**

身為早產兒基金會關懷大使，我誠摯邀請你打開這本書，看看早產兒的守護者許醫師，以及所有為早產兒努力著的照護團隊，他們的動人故事。

目錄

第一部

從「哲學家女孩」到守護心跳的「二十四小時醫師」

提早與世界見面的小小早產兒，各方面發育還不夠成熟，醫療團隊需要扮演媽媽及上帝的角色，花費更高的心力、體力，充滿高難度的挑戰。

第二部

二二八的長影子，在黑暗中看見愛的光

當年大手牽著小手北上，關係卻難以緊密牽繫的母女，
一起經歷過多年二二八的長影子，彼此相依。
當關係開始親近的時候，兩人卻已經分隔兩地……

第三部

死亡、謙卑與信仰，在艱難中勇往直前

病房中充斥艱難的挑戰與兩難的決定，
每段痛苦，都確實帶來生命的深度與力量。
許瓊心選擇勇敢面對，陪伴病人和家屬一同走過試煉。

第四部

教師與鬥士，淚水中的傳承、不停歇的堅持

所有的偏執與堅持——都是為了病人，不為個人。
在新生兒醫療的第一現場，她用絕對不放水的訓練方式，
讓學生學到嚴謹的臨床功夫與一生的印痕。

楔子

小小攀峰者和他們的守護者

有愛的地方就有生命。
——甘地（Mahatma Gandhi，印度國父）

這是一條世界最困難的路線，從海拔五千三百公尺，沿著冰河向八千三百公尺峰頂進發，中間要經過冰瀑、無數巨大冰塔和冰河裂隙，平均溫度攝氏零下四十三度，風速可以高達時速兩百公里。這裡的大氣壓力只有平地的三分之一不到，每走一步，呼吸次數常高達十五次以上。

攀登者會有體溫過低、血氧過低、肺水腫、腦水腫、腦功能失常、四肢末梢壞死、失明等問題，不只考驗登山者技巧，更是面對生命最脆弱的狀況，死亡率更高達二九％。

有一群雪巴人，他們長年居於海拔三千公尺以上的高山，因優異的體能與對山的知識，替攀峰者擔任嚮導、後勤服務。他們身上繫著繩索，在冰雪茫然中，帶領登山客一步、一步踏在安全的地界上。他們照顧攀峰者的身體需要，受傷者，他們協助背負下到安全營地。他們是攀峰者的生命夥伴，更是他們的守護者。

有一群小小攀峰者，他們身長只有二十幾公分、體重只有幾百公克，他們不在喜馬拉雅山麓，但他們攀登的難度也是世界級的。他們攀登的是**生命成長之峰**，因為太早離開母親子宮的守護，身體器官發育尚未完全，他們被稱為「巴掌仙子」。想長大成人同樣需要途經步步驚險，親身經歷血氧過低、肺水腫、腦水腫、身體器官壞死、失明等生命風險，他們不會講話，只能在保溫箱中默默奮鬥。

這群小小攀峰者也需要一群守護者，協助他們度過各種難關，陪伴他們一公分、一公分、一公克、一公克地長大。**他們的生命夥伴，就是新生兒加護病房的醫護人員**。

這本書，寫的就是小小攀峰者背後的大大守護者——馬偕兒童醫院兼任主治醫師許瓊心醫師，和她的巴掌仙子們的故事。

第一部

從「哲學家女孩」到守護心跳的「二十四小時醫師」

提早與世界見面的小小早產兒，各方面發育還不夠成熟，
醫療團隊需要扮演媽媽及上帝的角色，
花費更高的心力、體力，充滿高難度的挑戰。

第一章

夜巡，每天都要守住最後一關

我們當中極少數人能做偉大的事情，
但是每個人都可以用崇高的愛去做平凡的事。
——德蕾莎修女（Mother Teresa）

二〇一八年十二月，聖誕節的氣氛在夜晚的台北街頭已經愈來愈濃，尤其綠蔭夾道的中山北路，路樹上、商店前，許多地方都掛起了閃亮的聖誕燈飾。中山北路二段九十二號馬偕紀念醫院大樓前，長串的金色小燈泡，串起門前一棵棵樹，成為中山北路與民生西路轉角的一片小風景。

晚上九點，外頭街道仍然十分繁忙，醫院內、一樓大廳與二樓的診間還有一些人穿梭其間，不過人潮正一點一滴地散去。除了急診室，大廳的燈光已經有部分熄掉，預告醫院的脈搏經過日間急速繁忙的跳動，正要進入緩慢地休眠節奏。日間值班的醫護人員大多已經下班，小夜的醫護人員大多回到病房，夜晚留守的年輕住院醫師，則多在十樓休息室，準備迎接深夜的醫療重任，內心期盼這會是個平靜的夜晚。再過一會兒，除了走道與護理站，大部分病房都會熄燈，只留下外頭的美麗燈飾依然溫柔閃爍。

不過，對於許瓊心醫師來說，一天結束的時刻還沒來到。若是有固定下午門診的日子，雖然按照預定時間是下午六點結束，她卻從沒準時過。擔任小兒科醫師四十年，比資深更資深的資歷，她早已經不須接受一般門診預約，但她通常比預定門診時間還提早一個小時，十二點半就開始看診，「服務」過去一手照顧大的小病患，一個個耐心招呼、仔細察看，跟家長細聊。為了消化完一天掛號的病人，有時候甚至拖到晚上十點左右才結束門診。但，她的「營業時間」並沒有在晚上十點結束。

出了診間，許瓊心不是收拾包包準備回家休息，而是坐電梯到馬偕醫院福音樓十樓，那裡才是她真正作戰的地方——馬偕新生兒加護病房（NICU）與新生兒病房。在門口踩過消毒墊，在走廊脫下白色醫師袍，換上淺色隔離衣，洗手消毒，走向新生兒病房角落的一張辦公桌。

「這裡就是理事長辦公室！」許瓊心總是這麼半開玩笑地介紹。二〇一八年三月，她接下台灣新生兒科醫學會理事長，幾乎都在這張辦公桌上處理學會大小事。

不過，這張號稱理事長辦公室的辦公桌，桌面卻比其他桌子還短一點，那其實是張轉角桌，因為她「賴」在十樓的時間實在太長了，護理長陳揚瑜特別幫她挪了一個小空間，好讓她可以歇腳兼處理事務。桌面收拾得十分乾淨，唯一有點個人特色的是，一大兩小三隻宮崎駿卡通中的龍貓玩偶，日語發音像豆豆龍的龍貓，恰好是許瓊心曾經照顧過的一位早產兒的外號。桌上放著一台螢幕比例有點奇怪的電腦，那是整個新生兒病房最老的電腦，雖然護理長曾經想幫她更新，但許瓊心認為還可以用，不需要換。

「山不在高，有仙則名」，桌子小、電腦老都不是問題，在這個小小的堡壘，過去幾年上百位狀況棘手，讓父母親揪心的早產兒的醫療數據資料，就是這麼被許瓊心仔仔細細地盯著，直到孩子可以順利回到父母親的懷抱。

兩天睡五個半小時

這一天，她正準備迎接每天的關鍵時刻來到——晚上的巡房，以及等候半夜十二點、對加護病房每個新生兒今日最後一次檢驗室檢查報告的出爐。

馬偕醫院新生兒加護病房的檢驗室檢查報告，每天都有四個時段，發出時間是每天早上六點、中午十二點、下午六點與晚上十二點。每六個小時的節奏，比一般住院成人的檢查報告頻率還要高出許多。

這是她過去十二年來，數十年如一日的習慣：沒有巡視完每個病房中的小朋友，看完這最後一檔報告，並且對醫護團隊下完接下來六個小時的醫療照護指令，她不會下班。「孩子的狀況瞬息萬變，今天的問題要今天馬上處理，不能讓你等到明天；到了隔天才去了解前一天出了什麼問題，常常會來不及。」

這一天其實不是她的門診日，但她依然晚上八點就出現在新生兒加護病房。許多到了她這個年紀的醫師，若是沒有門診的日子，常會在家中好好休息，但她卻一直在病房忙著。事實上，她從前一天早上到醫院後就沒離開過；前一天晚上從十點睡到半夜兩點就起床（中間還醒了十分鐘看住院醫師彙報的醫療數據），照顧一位有突發狀況的早產兒一整夜。之後白天也整天沒睡，直到這天晚上七點才去值班醫師室闔眼睡了一個多小時，八點十五分又爬起來。

在電腦前稍事休息，許瓊心隨即打開電腦、調出一張 X 光片認真盯著，那是隔壁加護病房一號小朋友下午最新照的片子。幾個護理人員與值班醫師圍在旁邊，許醫師不發一語地看了好一會，旁邊的人似乎也屏氣凝神等著她發言。「這右邊本來沒有空氣，有出來一些了。腹水沒有更糟……」她邊說，邊看著電腦裡的片子點點頭。原本抿緊的嘴角微微上揚，繞著她的氣場隨之轉變，旁邊護理師與醫師的肩膀線條與臉部肌肉也跟著鬆了些。

「還有電光（X光片）嗎？」她問。旁邊的醫師搖搖頭。許瓊心推開椅子，準備朝加護病房邁開腳步，開始許阿姨的夜巡。

神奇的基地

這一天，馬偕新生兒加護病房二十三個床位中，總共有二十二個孩子，最小的體重只有五百多公克，最大的也只有一千一百多公克，他們全躺在加了一層花布罩子的保溫箱中。除了一位因為新生兒病房沒有床位，而暫時住在這裡的小朋友，其他二十一個孩子都是早產兒。

二十多年前，若是產婦在懷孕三十週以前產下體重不足一千公克的早產兒，大概有八成都難以存活。但隨著醫療科技進步，以及台灣健保開辦，目前連懷孕二十三週、二十四週，比預定產期提早四個月出生的嬰兒，或者體重在一千公克以下的極低體重早產兒，在醫療照護下，「體重在一千五百公克的新生兒，存活率已經超過九成四。即使出生時不到一千公克的迷你巴掌仙子，也有六成到七成可以活下來。」這些數字從許瓊心口中流暢說出，毫無一刻遲疑，因為這是她這一輩子至今念茲在茲的數字。

雖然說統計數字比三十年前漂亮許多，但背後其實代表了更複雜、更困難的醫療救治，因為胎兒在母體子宮內孕育的日子，每一天都很重要。有個統計發現，只要胎兒多在媽媽體內待五天，存活率就會提高一〇%，可想而知，少了一百多天在上帝創造的子宮裡被照顧，提早與世界見面的小早產兒，他們身體器官各方面的發育會多麼不成熟。**醫療團隊需要扮演媽媽加上上帝的角色，花費更高的心力、體力，充滿了高難度的挑戰**。

十二年前，許瓊心勇敢接下專責照顧加護病房早產兒的艱困任務。馬偕的新生兒加護病房，是台灣第一個新生兒加護病房；而她則在二〇〇六年成為這個病房的第一位專責主治醫師。剛接專責主治醫師時，她曾經自己一個醫師負責二十三床孩子，早上七點半到醫院，每天深夜的「許阿姨夜巡」，也是從那時候開始不間斷。

雖然，她六十五歲以後已經不是新生兒加護病房的專責醫師，醫院也沒有規定主治醫師每天巡房的次數，許瓊心仍是每天好幾次去察看她負責的早產兒。尤其當時鐘指針一分一秒接近夜半十二點時，她通常也是唯一還在病房跟護理人員、值班住院醫師一起奮鬥，照料早產兒的資深主治醫師。

「我下班時間通常都是十二點半、一點了。有一次難得，竟然在十一點半就可以回家，心想『今天這麼順！好輕鬆十一點半就可以走。』結果，開車開到圓山就被叫回病房！我覺得病房的時鐘好像都會盯著我，注意我不能那麼早回家。」許瓊心開玩笑地說。

雖然已經七十歲，而且兩天才睡了五個多小時，夜晚的這個時刻，她鏡片背後的眼珠子還是很明亮。事實上，有護理人員形容許醫師是「愈夜愈 high」的醫師。

夜晚的新生兒加護病房，有點像個神奇的外太空基地。寧靜中，每個保溫箱猶如一個個小小太空艙，太空艙接連了許多高科技的管路與設備；**訊號一閃一閃，這是裡頭剛剛降落地球不久的小太空人，正在傳遞著他們的生命訊息**。

有些太空艙內發出奇異的科技藍光，其實是小寶寶正在接受黃疸照光治療。時不時某一床就會發出警示鳴響，可能是某個孩子血氧下降發出的警示。不習慣的人，會被這些警示聲搞得很緊張，但病房的護理師熟練而鎮定地在每個保溫箱之間快速移動，快手快腳查看數據，進行必要處理。她們都是許醫師堅強的後盾，全台灣心臟最強壯的醫護團隊之一。面對只有幾百公克孩子的嚴峻狀況，唯有依靠團隊合作鎮定處置。

阿姨中的阿姨

早產兒醫療是非常費力費工的任務，通常一位護理人員最多只能照顧兩名小朋友，如果碰到棘手的早產兒，甚至需要由一位護理師專責照料。在馬偕，護理師都被稱為阿姨，乍聽似乎不是那麼專業，但這是從孩子的角度所用的稱謂。雖然許多早產兒可能連細微的哭鬧聲音都發不出來，但如果他們會說話，在這裡孩子口中的每一位「阿姨」，正代表了溫暖的呵護角色，而不是冰冷的醫療關係。「許阿姨」則是阿姨中的阿姨，連醫院的院長、副院長都跟著這麼稱呼她。

許瓊心先洗手消毒，接著快步走到七號保溫箱前停下腳步，這個保溫箱周圍被五台機器圍繞。最大一台連著將近一百五十公分高鋼瓶的機器——一氧化氮機，用來降肺壓；一台藍色的機子是高頻呼吸器；兩台用來打點滴、打藥、補血漿的輸液小機台；靠牆還裝置了一台基本生理數值監測器，隨時監測保溫箱中孩子的心跳、血氧、呼吸頻率。機器與保溫箱上還貼著好幾張注意事項：抽痰不超過三秒、加藥勿擠回、小聲說話……。

保溫箱中，身長還不到兩個成人巴掌大的小朋友，身上插了一藍一白兩條呼吸管，管子直徑約有一．五公分寬，而孩子纖弱的手腕，竟然比管子還要細。孩子的腹側開了個引流口，覆著紗布，還戴了銀色不透光的眼罩。

這是個小女孩，一對雙胞胎當中的妹妹，姊姊在另一個保溫箱。「她們出生時媽媽才懷孕二十四週，妹妹體重不到五百公克。生下來時，她的肚子是藍色的，因為腸子在母親子宮中已經有感染跡象。出生一個星期，腸子就因胎便阻塞而破裂，所以從肚子緊急切了一個口引流。」孩子命懸一線，「本來全身都腫起來，現在比較穩定了。她的心臟有動脈導管存放，本來禮拜一心臟要開刀，結果因為腸子問題很大，又延後了。」許瓊心一邊說，一邊把聽診器伸進保溫箱，放在小小身軀上仔細聆聽。

過了一會兒，她的臉上露出微微笑容，「有聽到雜音了！之前腫得好厲害都聽不到。」這兩句沒頭沒腦的話，只有現場的團隊能理解其中奧妙。小女孩出生時因為早產，置入協助運作功能的動脈導管，但因為腸子破裂，肚子脹大壓迫無法呼吸，導致肺壓很高，也因此聽不到動脈導管發出的雜音。今天可以聽到雜音，表示腹水已經減少、肺壓已經下降，孩子暫時脫離最危險的狀況了。

不過，這只是許瓊心這一趟照顧第七床小朋友一連串動作的一部分。接下來緊跟著的是與護理阿姨一連串的數字快問快答：

「血小板是今天第一次輸嗎？」

「是。」

「CBC（全血球計數）她早上血小板本來十一萬，現在多少？」

「八萬七。」

「現在改驗 Q 幾？」

「Q8」

「剛剛把 support 降了嗎？」

「一〇〇降到九〇。」

「從幾點開始降？」
「五點多。」
「你說鉀離子多少？」
「二．一。」
「肚子消很多，剛剛出來多少？」
「四十四。」
「除以六是多少？」
「七．三三」
「紗布，今天是換第幾次？」
「第二次。」
她抬頭看監測儀上的數據，「呼吸一分鐘七十，心跳一百六，血氧有九十，嗯，很好。」她一邊念給自己聽，一邊肯定地點頭。低頭看著孩子，她再度露出更大的微笑，「她還在那裡動來動去，活動力超好，我都嚇死了！」
的確，如果躺在那裡的是個大人，有這麼多維生儀器環繞，肯定給人奄奄一息的絕望感。可是躺在保溫箱中的小女孩，竟然抱著一隻大棉花棒正平靜安穩地吸吮著，彷彿是在一個舒適的貴賓艙中，沒有感覺自己正與生命危險搏鬥。那根棉花棒被加護病房的阿姨稱為「棒棒糖」，因為早產兒太小，沒有很小的奶嘴供他們吸吮，於是護理人員會用棉花棒上頭沾一點糖水，來安慰保溫箱中的小朋友。

「你看這小傢伙，她自己病得那麼嚴重還在不停吃棒棒糖。好可愛，還在那裡打哈欠。」她邊說、邊愛憐地看著孩子。之後，許瓊心繼續移動，標準動作依然是先洗手消毒，然後開始下一床的床邊診察。

走到每一床前，她一定仔細察看護理師的床邊照料紀錄，一一詢問從上次她巡房到這次孩子的變化。雖然間隔時間可能只有四個小時，但她依然不會、也不想漏掉任何細節。也因為每天數次巡房反覆詢問數字與比對，只要細微變化，就會有警鐘在她腦中響起。

前兩天晚上十點多，她查看一位小男生的狀況時，看到監測螢幕上顯示血氧為八十八，而小男生過去的數字都高於九十。雖然對於呼吸器官發育尚未完全的早產兒，偶爾血氧往下掉也不令人訝異，但許瓊心直覺不太對勁。「阿姨說：『可是他吃奶吃得不錯呀！』我說：『怪怪的，先停下來不要吃了，仔細觀察一下。』」果然，當天半夜孩子的狀況大爆發，出現急性腸壞死症狀。還好許瓊心已經提早請醫護人員注意，若稍微再疏忽一點，孩子可能就沒命了。

除了客觀的數字，每一床她都會把手伸進保溫箱中，有的是掀開尿布，看看孩子的小便、肛門的顏色；有的輕輕按壓腹部，或者伸出一根手指頭讓孩子用小小手握住，感受孩子的反應；有的情況平穩的孩子，她就溫柔地摸摸頭，對孩子說「好棒喔」。

半夜電梯間問診

這一天加護病房中由許瓊心主治的小朋友有七位，再加上隔壁新生兒病房，共負責十一個小病患。十一這個數目，從她過去的行醫紀錄來看，算是非常少的，以前負責的危險病患，人數可排滿電腦 excel 表的一整頁。最高峰時曾經同時有三十幾個小病人都是她負責，其中一半都是加護病房的重症早產兒。按照馬偕新生兒加護病房醫護人員的形容，許醫師照料的小朋友，只有分「危險」與「已經從危險中慢慢養大的孩子」。

巡完七床的孩子，已經過去一個多小時，時鐘顯示為晚上十一點十五分。她按了按頭側太陽穴，釋放一下疲累感，離開加護病房，往新生兒病房內自己的座位走去。連接兩個病房中間的走道，每天可以來回十幾趟，這是她的運動跑道。

回到座位，尚未喘口氣，許瓊心的手機響了起來。「喂，我許醫師，請講。有吐，還有咳嗽是嗎？有發燒嗎？沒有的話，一點點咳，要不要先觀察一下，明天再看看。」她輕聲細語地回覆著。「……」電話那頭不知說了什麼，讓她微微皺了下眉，微微嘆口氣：「好吧，如果你們不放心，要不要現在過來，我幫你們看一下。沒關係，我十二點多應該都還在這裡。」放下電話，旁人說：「又有臨時要跑來讓妳看的？」

「媽媽就是很擔心嘛。反正我晚上在這裡，沒關係，順便幫他們看一下，讓媽媽安心。他們半夜還要從三重坐計程車趕過來，也是很辛苦。」這已經不是第一次了，病房裡的醫護人員聽到也習以為常。許瓊心照顧的早產兒出院回家後，有時候就會出現這種半夜「順便看」的服務項目。

放下電話，她沒有泡杯茶或喝個咖啡放空一下，而是立即打開電腦叫出資料，只見電腦螢幕上密密麻麻一堆英文與數字，那是一份份由年輕醫師寫好的病歷紀錄。雖然只是紀錄，許瓊心的習慣是每一份都會親自檢查一遍，看看是否有遺漏之處。「早產兒的狀況較複雜，成長過程比普通的孩子更常需要追蹤治療，初期的醫療紀錄，是未來重要參考，不能馬馬虎虎。」許瓊心一邊說，一邊緊緊盯著電腦上的病歷。

除了醫院正式的紀錄，她抽屜裡還有一本筆記本。黃色道林紙簿裡一則、一則短短的資料，每一則都有名字、病歷號碼，一句簡單的描述，像是「差一點要做葉克膜」。看似簡單，其實這是一本許瓊心累積多年的「特殊病歷」檔案。短短的紀錄背後都有獨特或複雜的病況，以及具代表性的處理方式，可以說是許瓊心的《孫子兵法》檔案目錄。碰到類似的狀況或需要做個案分享時，她看一下病歷號碼，就可以從電腦檔案中調出詳細的醫療紀錄，並且持續將自己在這些特殊病歷診療的心得，重新撰寫，把所有照顧過的病人檔案製表，建立了「許瓊心重要病人，勿刪」文件。這裡頭就是一本武林祕笈，每個特殊病兒的狀況、用藥、劑量、處置詳細記載，為的是退休後可供後輩查詢參照。

已經接近午夜，許瓊心的手機傳來簡訊聲，三重來的家長已經到了。她起身到櫃子中拿出醫療包，緩緩走到電梯間。那裡，年輕的父母抱著一個六個多月大的女嬰，在已經半熄燈的電梯間等著，臉部緊繃的線條，因為許醫師的到來而放鬆。

許瓊心就地站著，拿出聽診器，聽了孩子的心臟、肺部，拿出壓舌板看了女嬰的喉嚨，又用耳鏡看了耳朵，摸摸孩子的額頭。「剛剛有再吐嗎？」她問。孩子的母親搖搖頭。「喉嚨有點紅，但不嚴重，應該是一般的感冒，上回我給的藥還有嗎？給她吃，再觀察，應該沒事。」短短的幾分鐘，焦慮的母親因為許瓊心幾句確認的話，似乎鬆了一口氣。「回去吧，你們也要早點休息，大人太累感冒了可不行，趕快回去，早點休息。」像個媽媽交代女兒、女婿，許瓊心叨念完才轉身回到病房。

「老師，報告出來了！」住院醫師對著走進病房的許瓊心大喊。本來似乎有點疲態的許瓊心，一霎時眼睛又睜亮了，腰桿子挺起，快步走向加護病房。

十二點十分，最後一份報告、再一次巡房，是一天的結束，也是一天的開始。**每天都要守住最後一關，十數年如一日**。這是馬偕醫院新生兒加護病房的許阿姨夜巡傳奇。

第二章

信心之路：自信從明白問題開始

有奮鬥過、有努力過，曾忠於某些理想
——這就足以讓掙扎值得。
——威廉・奧斯勒（William Osler，醫學教育大師）

「我是一九七五年成為馬偕兒科第一位女住院醫師。在我那個年代，他們原本是不任用女醫師的。」馬偕兒科有史以來「第一位女醫師」，是許瓊心行醫之路上，第一個榮耀的徽章；不只正式記錄在馬偕醫院院史上，也是當年女性突破醫界玻璃天花板的代表。

台灣女醫師的比例與世界各國比較，十分偏低。根據衛生福利部統計，二〇一七年台灣女醫師的比例為一九・三四％，比英國的五成、美國的四成要低許多。二〇一八年更有新聞傳出，日本東京醫科大學醫學部醫學科入學考試，為了抑制女性合格者數量，女考生一律先扣分。即便如此，日本女醫師的比例仍超過兩成，比台灣還要高。若是區分年齡層來看，台灣六十到六十九歲的女醫師，也就是許瓊心的這個年齡層，占同年齡層男醫師的比例，更只有五・九％。

在今日的台灣，小兒科可說是女醫師比例最高的科別之一。人們很難想像，四十幾年前的台灣，女醫師是稀有動物，而當年的四大科（內科、外科、婦產科、小兒科），更是清一色男醫師的天下。「當年，醫界覺得女性醫師結婚或生小孩時，會離職或者無法全心放在醫院，造成醫院人力的困擾。所以熱門的科別，都輪不到女醫師。」

看到這個榮耀的徽章，許多人或許會認為，許瓊心是懷抱著突破限制，要在醫界發光發熱，或者非常嚮往仁心仁術的行醫典範，才選擇了醫科這條路。事實上，「我剛開始根本沒有想法、沒有抱負。只是因為我媽媽說：『讀醫不錯，妳去考醫科！』我就乖乖聽她的話。」

一九六七年，北一女畢業的乖乖女許瓊心，通過了聯招，吊車尾考上高雄醫學院（一九九九年改名為高雄醫學大學）。「我進高醫是上帝送我進去的。我們班一百多個人，我考進去的分數是第九十二名，我的學號九十二。」

一九五六年才由杜聰明博士創辦的高雄醫學院，是台灣第一所私人醫學院。許瓊心進入醫學院那年，台灣只有台大、國防、北醫、高醫四所西醫醫學院，後來再加上中國醫藥學院（二〇〇三年改制為中國醫藥大學）與中山醫專（二〇〇一年改制為中山醫學大學）。當時的高雄醫學院是個小型的大學，只有醫學系、牙醫系、藥學系、護理系，全校學生總數才一千出頭而已。許瓊心那一屆的醫學系，一百多個醫學生，只有十位女生。

班上的男同學連江豐，第一眼看到的許瓊心，頭髮梳得很整齊，穿著一襲白底黑色格紋印花，帶有小立領的洋裝。洋裝的質感很好，花色很特別，感覺出身家庭環境不錯，但對大一新生來說，款式卻稍微成熟了一點。也因為這樣，讓許瓊心在萬綠叢中，比其他幾朵紅花還要突出。

連江豐眼中這位洋裝女孩，後來成為他的妻子。而他也是後來才知道，這套洋裝其實原本是許瓊心的母親做給姊姊的衣服，她是撿了姊姊不要的衣服來穿。

「哲學家」女孩

高醫校地寬廣，當年周邊還有很多稻田。在許瓊心的記憶中，醫學生的生活並沒有現在大學生來得多彩多姿，也不太有什麼校園優游、三三兩兩高談闊論的回憶，只有從早到晚看似讀不完的醫學理論。

「當年我們四年要修二百八十個學分，功課非常重。人家大學生都是選一天兩堂課，我們卻是結結實實從早上上課一直到傍晚。剛開始大一還有通識科目像國文、英文，可以讓我們偶爾蹺課到西子灣玩水，但後來上的都是跟醫學有關的課，根本沒辦法蹺課。像是解剖老師就很嚴格，我們都叫他殺豬的。那時候的學習環境沒有現在那麼好，不過就是讓我們實實在在地上課。當然也有不少同學上課坐在後面打瞌睡，連江豐上課就很會打瞌睡。不過我每天都在忙著認真抄筆記，覺得書都讀不完，也不太知道自己念了什麼。」

她的同學、也是馬偕醫院小兒科醫師洪漢陽呼應她的說法，形容當時的上課狀況都是大班上課，在階梯教室裡，洪漢陽常是坐在後面「山頂」。「許瓊心跟另外幾個女同學都是好學生，全坐在教室最前排。那時候老師上課一直講，講什麼我都來不及消化，但她們好像領悟力特別好，老師一直講，她們一直抄，老師畫圖，她們也畫圖。許瓊心筆記做得又好又仔細，圖也畫得很好。上完課，我們就有同學負責把她們的筆記借來刻鋼板、複印之後，大家就出錢買筆記，再慢慢回去自己消化。」

許瓊心的功課一直在班上前十名，只有物理曾補考過。至於上課愛打瞌睡的連江豐則是班上第一名。

大學時，同學給許瓊心起了個綽號叫「哲學家」，因為她總是安安靜靜，默默地似乎在深思著什麼事情。「偶爾講話，聲音也小得像蚊子一樣。」她的同學連江豐這麼形容。

多年後這位「哲學家」回顧當年的自己，卻是認為那時候的她不僅沒什麼深刻想法，甚至「我以前是很沒有自信的，我的沒有自信包括了不知道自己有沒有可能讀完醫學院，不知道將來要做什麼，甚至不確定有沒有男孩子會喜歡我。」

為何沒有自信？「因為懵懵懂懂，看似學了很多，其實自己也不是真的懂了。光是學基礎醫學就學不完，根本不知道自己將來會變怎麼樣，不知道那條路會怎麼走。組織、解剖、生物、寄生蟲，一科一科不停地念，卻想像不到將來怎麼把這些應用到病人身上。一個醫生要面對的是生命有危險的病人，我們卻不知道會怎麼面對。」

那個年代，醫學生的訓練方式跟今日不一樣。學校教的大多是理論，不注重實習與實戰經驗，醫學生的教育主要就是聽老師講生理、組織學、病理。當時醫科前四年都沒有接受過臨床訓練，更沒有明確的分科，頂多隨著教授或學長去巡房而已。「我們那時候所學的，真的是紙上談兵。」

對於學生這樣的困惑，在一九六〇、七〇年代的大學裡，教授們不關心，更不會有心理輔導。「那時代醫生賺得多，醫學生也多，他們大多不看重我們這些年輕的醫學生。不像現在孩子少，我們都很看重每個學生，不希望他們跑掉。但那個年代他們不會很看重我們的感覺。」

即便如此，當時仍然有兩位老師讓許瓊心至今仍相當懷念。一位是有「南台灣開腦第一刀」之譽的高醫前院長洪純隆。

擅長神經外科，曾在南部開腦上萬顆的洪純隆，在許瓊心讀高醫時，還只是高醫的總醫師。「我之所以會特別佩服、特別感謝洪純隆醫師，是因為那時候只有他認真對待我們這些醫學生。看X光片時會特別解說，告訴我們這是腸子破掉、這是氣胸……。」

至今她仍然記得當時班上一群同學圍著年輕的洪醫師，聽他仔細講解患者檢驗數據，分享醫療現場經驗的情景。他看著這群青澀醫學生的眼神慎重，彷彿他們各個已經是一把罩，「只有洪醫師認真看待我們，他認為我們以後都是要當醫生的，想把他會的都教給大家。所以我現在也是這樣，我會把我所知道的、照顧孩子所經驗到的，都告訴學生。」

另一位更特別——當時在屏東佳冬天主堂，並在高醫兼任德文老師的桂偉神父。「第一天上課，他就教我們唱電影《坦克大決戰》（*Battle of the Bulge*）裡的德文歌，讓我們感覺非常新奇。除了德文課，他也會告訴我們許多醫學倫理的事情，尤其他常用中文告訴我們，『要視病如親、要給病人溫暖。』他也說，在天主的世界沒有退休。」這位一直在台灣工作到過世的神父，雖然沒有醫療專業資格，卻建立了許瓊心面對病患最根深的價值觀：**不只治病，還要照顧他們的心**。

不會打針的醫師

「不過我自己真正的『醫者』教育，是從我到馬偕醫院實習才開始的。」

滿腦子醫學理論的許瓊心，醫療生涯的第一個震撼彈，就是從馬偕醫院開始。那時候他們班上成績名列前茅的，才有機會到台北的榮總、馬偕醫院實習。至於台大醫院是沒機會的，因為名額早已經被台大醫學系的學生占滿。第一名的連江豐到了榮總實習，許瓊心則和洪漢陽以及另外九位同學一起到了馬偕。

「實習第一天我跟洪漢陽同一組，一大早七點就去報到。我們第一個實習單位是內科加護病房（medical intensive care unit，MCU），那時候叫做ACU。第一天印象真的很可怕。我們在高雄醫學院實習的時候，並沒有幫病人抽血的經驗。我們都只在旁邊看那些操作的醫療行為，連打針都沒打過！第一天報到，就要負責幫病人抽血，以及由靜脈注射藥物給藥，我們都不會，還是護理師教我們的。抽血要找血管，常常找不到，手會抖。」

因為太生疏，兩個年輕實習醫師抽血的動作很慢，洪漢陽還記得當時他和許瓊心兩個人，各捧了一盤靜脈注射藥物，滿頭大汗一個、一個給藥。等到盤子裡的針終於用完，已經到了中午，下一輪的抽血及給藥又要開始。「另外一盤針又交到我們手上。」

實習醫生做不了什麼事，就是負責抽血、給藥、打病歷。「我們真的什麼都不會。」

許瓊心又強調了一次，「我們兩個拿著止血帶在加護病房晃來晃去，也不知道要幹什麼，常被趕來趕去。那時候ＡＣＵ沒有專責主治醫師，護理長最大，我們都被護理長管。」

加護病房是醫療的終極戰場，許瓊心第一個實習地點就在這裡。對她來說，雖然因為臨場操作能力不足而大受打擊，但也是幸運的，因為及早體驗到**醫師要面對的生命不可承受之重**。

「我印象最深刻的是一個二十幾歲病患，氣喘要插管急救。現場看到她在那裡一直氣喘，喘到換不過氣、臉色發黑的樣子，才知道氣喘真的會死人的。以前沒有到過現場，只是讀死書的呆子，到現場才知道你知道的所有知識、所有細節，不只要會『用』，而且判斷往往只有一瞬間。」

在加護病房實習一段時間後，他們也開始在一般內科實習問診。許瓊心還記得她第一次問診「搞笑」的表現。那是一個七十歲出頭的阿伯。來到許瓊心面前，她問：「阿伯，你安怎？」

「啊就喘啊！」阿伯回答完，她呆在那裡，也不知道接下來該問什麼問題。於是就拿出聽診器來聽一聽，這時候阿伯又說話了，「我心臟無力。」

「他說他心臟無力，可是我聽診的感覺：怎麼跟書上寫得不一樣!?」於是她再用觸診，因為書上說心臟衰竭會肝臟腫大，可是「摸肚子也摸不出來，我坐在那裡，心裡很茫然，真的很可憐！」因為摸不著頭緒，「他說他心臟無力，我就給他下了一個診斷叫心臟衰竭。剛開始真的是病人說什麼，我寫什麼。」幾年後當她經驗更豐富了，就知道——其實是因為老人家胸廓較厚，所以觸診才摸不到。

問診之後要開藥，因為不嫻熟，那年代又沒有電腦可以打出病名之後，就出現幾種藥物選項讓醫師勾選，所以幾位實習醫師都還偷偷帶著小抄，上面寫了各種常見內科疾病用藥名稱。

被罵素質太差

打針、抽血，依然是跑不掉的功課。「有些老人家血管很沉，他們皮很鬆，看得到打不到。不過一次成功之後，下次就會有信心了。打針更難，打針從靜脈打，年紀大的人因為皮膚鬆沒有支撐，血管沒彈性，好像蚯蚓會跑，戳了幾次才抽到。打針老是無法一次成功，只好一直道歉，「阿伯不好意思，又讓您捱一針。」

「我們雖然笨手笨腳，但以前住院醫師比較少，反而實習醫師有更多機會學習。那時候就像被丟到大海求生存，要自己找繩子。」

馬偕實習的另一個震撼，是早會時上台報告病例的經驗。

那個年代開會沒有電腦、PPT（簡報軟體），病例報告就手寫在大字報上。許瓊心第一次上台，報告一個心臟衰竭的案例。只在大字報上寫了病人的基本資料、徵狀，以及診斷為「心臟衰竭」。她一輩子難忘，「吳再成院長那時是內科主任，我講完立刻就被他電。他說：『妳只告訴我心臟衰竭，可是沒告訴我為何他心臟衰竭。究竟是高血壓引起的？還是風溼性心臟病？妳都不知道。』他說我『水準很差』，我真的被嚇到了。」

這個負評當場讓她無地自容，但也讓她發現當醫師沒有那麼簡單。「這讓我意識到，做醫生要知道診斷背後的原因。以前醫學生只學器官、疾病本身，在學校雖然也有上過『鑑別診斷』這門課，但除非你能訓練自己要有邏輯思考來進行診斷，否則都只是讀死書。一**個好醫生，一定要懂得問『為什麼』**，要了解表象背後的問題。」

不過即便非常生澀，當她還是實習醫師時，便已表現出未來當醫師後兩點明顯的特質。第一個特質是值大夜班不太需要睡眠。「那時候的護士長最喜歡我值大夜，因為不太會睡覺補眠，即便睡著了，也是一叫就醒。」要知道，那時候的實習醫生常常是日班接著夜班又接日班，連續三十二小時，不補眠很難。也有不少人睡著了，護理站怎麼呼叫都叫不醒。

第二個特質是「不怕」。無論在加護病房或急診室，這位年輕的醫學生愈是面對緊急或「傷口看起來亂七八糟」的病患，愈是鎮定。

「記得有一次外科總醫師在樓上開刀，我在急診室，有個阿嬤跌到水溝，滿頭是血。

要用生理食鹽水把她洗乾淨，剃掉頭髮再縫傷口，那時我都不會怕啊！說來奇怪，我只是覺得傷口很髒，要趕快清乾淨、縫一縫，讓血不要再流了。」後來總醫師也說，他最喜歡跟許瓊心一起值班急診室，因為她兩三下就會把傷口處理好。

「在急診室實習，很多急救的大人需要插管，我也不會怕。我不會擔心插不成功就不敢插，該插就插。面對病人時我不會想太多。」

馬偕醫院靠近林森北路，「半夜殺來殺去的那些人常會送進來，有次有個大哥被砍到腋下，因為沒病房，躺在馬偕舊館的急診走廊，流血流到休克。我們小 intern（實習醫師）就負責幫他縫起來。不過那個位置的血管縫了，血還是一直流。」血流滿地的景象，讓許瓊心至今無法忘記。

一個醫生要面對的是有生命危險的病人，不過身為實習醫生在馬偕那樣的大醫院，仍然是按照資深醫師的指示，一個命令一個動作。「雖然面對的病患很多，卻沒有真正自己獨立去應對。因為實習醫師不可能自己去開 order（醫療指令）。可是我十分認真在學。」

脫胎換骨的起點

實習結束後，許瓊心並沒有留在馬偕。一方面是因為「我剛畢業時，馬偕醫院不收沒有醫師執照的住院醫師。女生因為不用當兵，所以是畢業後那一年的十月才考試，考過之後才會收。不像現在先來上班再一邊考試。」這是明文規定。但還有一個沒有公開的內規攔阻了她——「那時馬偕還不收女住院醫師。」

「那個年代很奇怪，馬偕收女實習醫師，卻不收住院女醫師；榮總則是不收女實習醫師，但可錄用女住院醫師。」當年第一個實習在榮總的連江豐醫師說。

「我後來先去當年的省立基隆醫院（現在的衛生福利部基隆醫院），當了快一年的住院醫師。那個地方，住院醫師就是主治醫師耶。」當年的基隆醫院，兩層樓的建築老舊，醫師資源也不足，但也因為沒有什麼「大咖」醫師，所以年輕醫師反而可以獨當一面。許瓊心擔任的又是急診室裡唯一的小兒科住院醫師，每天刻不容緩提槍上陣，「相當可怕！」然而，這所把住院醫師當主治醫師用的小醫院，卻是許瓊心行醫之路脫胎換骨的起點。

基隆醫院當年的患者大多來自中低階層的家庭，貧窮、缺乏知識又害怕上醫院。許多小孩子生病了，都是拖到沒辦法才去看醫生。許瓊心第一次遇見一個小朋友，腹瀉多天，已經脫水休克才送到急診室。「面對電解質不平衡，鉀離子太低，脫水休克的孩子，我按照書上寫的好好地做，八小時、十六小時補一次水，結果就把他救起來了。小孩子開始有小便出來，會笑、會有反應。」

她也碰到過因為腎小管發育不良造成酸血症的孩子，照書上寫的，補一些碳酸氫鈉，

「喔，就好了！」還有「小孩子感染了A型鏈球菌之後，出現免疫反應，在心臟、血管造成傷害。哥哥及弟弟都有，剛好我在馬偕醫院看過很多案例，立刻診斷出來，給他們打了盤尼西林（Penicillin），然後就變好了。」這一連串照書做就「變好了」的經驗，讓許瓊心信心大增。

還有一個小朋友，她臨床診斷後，發現症狀跟書上寫的幽門狹窄一樣。「我跟老醫生說，他是幽門狹窄，老醫生說：『哪有這種病⁉』我回說，『你看！你看！跟書上講的一樣。就是書上講的那種病啊。』他們找了個外科醫生來看小病人，結果跟我診斷的一樣！那時我第一次感覺，其實我也不會比老醫生差啊。」

「我本來不是要當小兒科醫師的，因為以前在小兒科實習時，在那裡急救小孩子，早產兒CPR（心肺復甦術）都是由實習醫生來做。孩子快不行了，你做CPR，最後寫死亡證明。這感覺好像根本不是在救孩子，倒像是你去那邊收屍的。有些來的時候早已經休克，不知能不能救得起來，那時候覺得小兒科是離死亡很近的一科。」

但基隆醫院改變了她，「我發現實習學到的東西用到小孩子身上，真的會好，不一定會死掉啊。最重要的事，我發現只要知道問題在哪裡，按部就班去治療，病人是會好的。老師教的，真的可以拿來用！」

抽自己的血嚇到男朋友

當時在基隆醫院面對的病患，家庭經濟狀況多半不好，許瓊心看到小孩子面黃肌瘦，也常自掏腰包買點營養奶粉之類的東西送給患者。「可以助人很開心，那時候才感覺小兒科也不錯。」

有一次，她的男朋友連江豐從台北搭了一個人五塊錢的叫客計程車，再換搭公車，轉了兩趟車到基隆醫院找她，卻發現她正挽起袖子，抽自己的血幫小病人輸血。一九七四年以前，台灣沒有血庫，醫療用血幾乎都靠職業賣血者（血牛）來供應，基隆醫院也有不少窮人充當血牛賣血養家。但真正的窮人需要血液時卻沒錢買，所以碰到有需要又血型符合的病患，年輕的許醫師提供的不只是醫術與營養奶粉，而是連自己的血都捐了。

看著抽自己血的許瓊心，那一幕對連江豐極為震撼：「我發現她好像不是以前認識的那個女生了！」

從一九七四年六月三十日畢業到隔年五月三十日，基隆醫院對許瓊心最大的意義，是預備好她當醫師的信心。「我很需要肯定。我的肯定來自於自己很用心照顧患者，然後獲得知識，知道怎麼樣做是對的。基隆醫院病人得到救治而好起來的回饋，讓我變得有自信。」自信，也讓她敢於應徵馬偕小兒科住院醫師招考，開啟醫者生涯展翅高飛的第一躍。

第三章

從起飛到高飛

當我們不再能改變一個情況時，我們的挑戰是改變自己。

——維克多・法蘭可（Viktor Frankl，意義治療大師）

「我對女生沒有偏見，只要妳有實力，就來跟大家一起競爭吧！」

一九七五年許瓊心應徵馬偕醫院小兒科住院醫師時，遇見她這一生重要的貴人——當時的馬偕小兒科主任黃富源醫師。黃富源的這段話，對她猶如定心丸，使她敢於跟男醫師一起競爭。

雖然過了許久，她仍記得筆試過後的面試，主考委員包括何文佑、黃富源、黃喜祥、高信安四位醫師。「我記得他們問我，為何心臟病患容易腦部化膿？小朋友肌肉張力不好，有什麼鑑別診斷？」

在現場，黃富源主任還問許瓊心為什麼要當小兒科醫師？沒想到，竟得到一個誠實到令他發噱的答案。

「我說我本來沒有要當小兒科醫師，因為實習時感覺小兒科離天堂很近，都是我們去送孩子離開，很可怕。但因為實習學到了知識，還有基隆醫院的經驗，讓我知道自己可以把他們救回來，而不是把小孩子都送上天堂，所以我才想到小兒科。」後來，黃富源偶爾還會拿這個回答來嘲笑她，「妳那時候很怕離天堂很近哦。」

結果那次招考，三十幾位應試者錄取了四位，分別是蔡水沼、葉寬政、林清淵、許瓊心。她成為當年馬偕醫院第一位女住院醫師。在馬偕小兒科二十週年的紀念刊物上有張照片，當年大約二十幾位的小兒科醫師團隊拍了大合照，清一色的男士，綠葉叢中唯一的一朵花，就是第二排靠左邊站著，長髮及肩，五官細緻，表情嚴肅的許瓊心。

第一位兒科女住院醫師

擔任住院醫師階段，許瓊心依然是個安靜、低調的人。不過因為是馬偕兒科第一位女住院醫師，所以還是引起相當的關注。

比她還早兩年進入馬偕的護理長黃淑英回憶：「那時候她有個外號叫『公主』，因為是唯一的女醫師，又長得漂亮。頭髮總是梳得整整齊齊，兩邊夾起來，有點像公主，身材修長，蹬著高跟鞋，小腿很漂亮，講話輕聲細語，很有氣質。」

不過這位公主可不是童話中那種床墊下有顆豆子就睡不安穩，或者需要王子搭救的嬌嬌女。

招她進來的黃富源驚訝地發現：「她進來後，我發現她的體力非常好，大概到現在為止都沒有人跟得上，根本就跟男生一樣。她分配的工作跟男醫師一樣多，照樣跟你整夜不睡覺、照樣跟你值班，不，應該說她比男醫生更有體力！」

黃淑英印象最深的是：「她當主治醫師第二年懷孕，但是值大夜班的時候從來不睡覺。我們都說：『許醫師，妳這樣很辛苦耶，去休息吧。』但她說：『不用，值班就是要顧小朋友的。』所以那時候她已經展現出盡忠職守、拚命三娘的個性。」護理站的護理師能為她做的事情，就是在許瓊心害喜時請她吃酸梅！

那時候的馬偕醫院，還是老舊的紅磚建築，小兒科病房數十張嬰兒床擠在小小的空間，跟一般病房連在一起。還有一個空間取了恐怖的外號叫「腹瀉間」，裡面有六到八床給三個月以下的嬰兒。當時沒什麼設備，早產兒常會呼吸暫停，護理人員只能守在保溫箱旁，

「呼吸一停，就拉拉孩子腳上的繩子，刺激早產兒呼吸。」黃淑英護理長回憶道。

許瓊心最記得的是，因為老舊地板坑坑巴巴的，人員走動時常常嘎吱嘎吱響，不小心跑得太快，還會撞到嬰兒床。女住院醫師值大夜班的休息室是跟護理師同一間，因為是老房子，還會有野貓跑進去大便，順便把跳蚤帶進去，很多人寧可不睡覺。但許瓊心卻無所謂，「我躺下就睡著了，一點都不在乎。」

雖然環境不優，但擔任住院醫師的她，發現自己開始喜歡照顧病況嚴重的孩子。「我很會照顧手術以後困難的小病人，從頭到尾盯著看，小孩開完刀理論上應該要變好，如果狀況不好，我會思考為什麼。如果是感染，我自己會去調整抗生素。不僅盯著機器，也會盯著小孩大便有沒有解、小便有沒有，以及血壓的狀況，小孩一有情況我都會馬上處理。如果他看起來不開心、又沒排尿，肯定是有什麼問題。」

臨床的判斷力就在一次又一次仔細觀察、思考與求證，甚至是在犯錯過程中累積的。

她還記得有位小患者，因為腸子開刀做了造口，「以前大家都覺得腸子開完刀，大腸造口出來的便便就是稀的啊，而孩子開了刀，造口出來的便便稀稀水水，以前也不知道這樣是不對的，就讓病患回家了。但小孩子出院兩、三天，就因為脫水休克又回來。因為想知道這樣的問題到底原因是什麼，我常去圖書館找資料。有一天我在一篇美國論文上看到，原來一天的排便量不能太多，大腸不能超過二十公克，小腸不能超過三十公克。這是老師沒教，教科書上也沒寫的事，因為很細，國外的論文才看得到。這些都還是外科文獻，不是內科的，如果沒特地去找根本看不到。」

之所以能找出這篇論文，除了她想破頭要了解問題，也是因為當時住院醫師沒有辦公室，唯一的女醫師跟其他男醫師共處在一般休息室也尷尬，能去的地方就只有圖書館了。「有一陣子真的每天混圖書館，沒有門診就是待在圖書館，其實也有點寂寞。」

白色巨塔再上一階

照顧重症孩子，非常重要的一件事就是要會幫新生兒插管。「以前插管不像現在可以用假人練習，以前就是去做，書上告訴你插進去要看到什麼，你就插進去。有很多新生兒需要插管，我都不會怕耶！因為要學會插管，我很了解氣管部分的解剖，知道要看到聲帶才可以放進去。可能老天要我當醫師吧，在健保實施前學到很多插管的經驗，反而現在年輕醫師練功的機會變少了。」

「許醫師當住院醫師時，插管就很厲害，手腳俐落。」這是許瓊心的另一位師父，前馬偕資深主治醫師黃喜祥的評語。

為小嬰兒插管不是那麼容易，即便資深的醫師都不見得做得好。黃喜祥醫師記得有次在他不在醫院時，病人呼吸發生問題，他急忙趕回去，有位外院來的主治醫師告訴他：「你的小朋友發黑，我已經先幫你插管插好了。」結果黃喜祥一看，發現那位主治醫師竟然把管子插到食道而非氣管！

「還有，那時候呼吸器非常簡陋，新生兒、五歲都用同樣的，沒有分齡。機器對於進入、呼出的壓力控制都沒那麼好，但許醫師操作很仔細，掌握得相當好。新生兒呼吸治療是條漫長學習的路，新生兒最重要的就是要讓他好好呼吸。」黃喜祥感嘆地說。

當年身為住院醫師的許瓊心，認真、努力，十分稱職。但擔任住院醫師滿三年，有個現實的挑戰在前面等著她：是否能繼續留在馬偕醫院？

「那時候是金字塔制度。她到第四年，要跟其他兩位男醫師競爭一個主治醫師的名額。」黃富源回憶，「在白色巨塔，住院醫師沒升上就得離開。」在這場競爭中，雖然許瓊心很優秀，但黃富源平心而論當時的狀況：「其實她當住院醫師的表現只是跟另外兩位一樣好，還沒有到非常突出，她表現 outstanding（出眾）是後來升主治以後。住院醫師階段只是覺得她不輸男醫師。」但命運就是這麼奇妙，因為「其中有一位醫師先跟我表明，他不想升，要去日本留學。就是現在任職於台安醫院的蔡水沼，他是一個非常謙虛、優秀的醫師。」

剩下兩位醫師的競爭，最後決勝點不是能力，而是**團隊意識**。

「另外一個男醫師也非常優秀，但他有個缺點就是很難與團隊共事。因為他懂得多、對自己的能力相當自傲，常覺得別人比他差。所以投票的時候他沒有上。投票是所有主治醫師去投，出線的就是許瓊心。我很喜歡許瓊心，她很腳踏實地，不會吹噓自己，也不跟人爭。當時如果蔡水沼沒離開，可能輪不到她；倘若另外那個男醫師人緣沒那麼差，可能她也會被刷下來，就得離開馬偕了。」身為虔誠的基督徒，黃富源相信，這是上帝的安排，而之後許瓊心也的確為馬偕兒科寫下不少大家口耳傳頌的故事。

「看耳朵」的超強能力

不過，剛升上主治醫師的許瓊心，門診「生意」並不興隆。畢竟算是年輕醫師，沒什麼名氣。病患跟其他兒科名醫比起來相對較少，但這樣反而讓她在門診時，可以花更多功夫鍛鍊另一項重要能力——看耳朵。

嬰幼兒因病毒或細菌感染感冒時，中耳炎是最常見的併發症，根據流行病學研究，小孩子三歲以前感染過中耳炎的比例約有八〇％。中耳若反覆感染發炎，對兒童的聽力會造成傷害。中耳腔是在耳膜裡面，診斷需要透過耳鏡，檢查小朋友耳膜的顏色、反光度、透光度，藉以判斷是否有發炎、積水或其他病變。因為深度深，孩子又小、不易控制，用耳鏡看嬰幼兒的耳朵，非常需要經驗。許瓊心「很會看小嬰兒耳朵」，是馬偕醫護團隊對於她的技術常聽到的評價之一。

「別人看不出來小嬰兒中耳炎，但我很會看。人家以為那是因為我先生是耳鼻喉科，他教我的，其實才不是咧！他只有給我一支耳鏡。那隻耳鏡我用了二十幾年。」她的先生連江豐後來成為榮總的耳鼻喉科醫師。

「不過我學會看耳朵的確是因為我先生說，這是小兒科醫師一定要會的一部分。小朋友應該只有耳朵嚴重到要開刀、放管子才要去找耳鼻喉科醫師。小兒科醫師應該要會自己處理急性中耳炎。其實當實習醫師時，我們對中耳炎這方面的訓練是不夠的，後來我當住院醫師後，發現我的老師黃喜祥醫師很認真在看耳朵，我也發現這是孩子生病時常會有的併發症。所以我也很認真學習用耳鏡，看中耳炎、抓耳屎，因為耳屎塞住會看不到耳道。其實真的很嚴重的，還比較容易看，難的是有發炎但還不那麼嚴重的，要學會看比較難。」

當上主治醫師後，門診小病患來了，無論有沒有發燒、耳朵痛，她一律抓過來仔細用耳鏡檢查。

「我先生告訴我，妳要會看一百個正常的耳朵，才能分辨生病的耳朵。所以只要有機會，每個孩子的耳朵我都會看。尤其在一九九〇年代，還沒有分次專科，我會看一般兒科門診，各個年齡層的孩子都要看診，看多就會了。我都跟住院醫師說：『這個孩子很乖，他願意讓你看耳朵，你就要認真看。因為他的是正常的耳朵。』」

「十幾年前有一次，我記得有位生了四個小孩的媽媽，其中一個孩子住院，媽媽要去菜市場賣菜，把其他三個孩子都丟在醫院。我就徵求媽媽同意，說我們有學生需要學習，妳的小孩很乖，我想讓住院醫師練習看她們的耳朵。媽媽說好啊！」許瓊心就請助理買了四個芭比娃娃，跟小朋友們說：「妳們乖乖讓醫生哥哥看耳朵。」

結果，當天兒科病房就出現這樣的畫面：四個抱著芭比娃娃的小女孩，一起歪著頭乖乖地讓一群醫師輪流看耳朵。

「當時雖然有教學用螢幕，可以看到耳鏡的鏡頭，但那種設備很貴、十幾萬，畫面又容易失真。所以一有機會我就趕快叫學生輪流看耳鏡。」到現在，雖然已經是資深主治醫師，看過的小朋友耳朵有好幾千名，但許瓊心只要做檢查或診斷，依然都會看耳朵，一次也不會漏掉。

也因為許瓊心非常強調要學會看耳朵，前幾年某次馬偕醫院的忘年會，兒科住院醫師表演的節目，就是模仿許瓊心，誇張地拿了超大的耳鏡，以及一根超大的夾子在夾超大的耳屎。

她在擔任主治醫師早期還有一個小插曲，「主治第一年十一月我出了車禍。那時先生在德國，大女兒才一歲，前天鬧了一晚，我完全沒睡。隔天一早去參加乾女兒的生日

party，再去醫院，醫院弄完都晚上九點多了。又去媽媽那裡接女兒，等於從前一天晚上到隔天晚上都沒睡。」

當天回家路上，因為疲勞駕駛，「我在美國學校附近，天母西路轉角的小廟那開車自撞人行道。三陽喜美的前面撞壞了。女兒有小受傷，我的腳也撞到了，沒辦法開車。我覺得冥冥中有上帝保守，有個計程車司機看到，把我們送到榮總急診處。到了醫院我跟他們說要找某某醫師，計程車司機可能認為我那裡有熟人就走了，也沒留下姓名。因為流血，我應該把他的車子弄得很髒，可是他沒留下任何聯絡方式，好讓我表達感謝之意，我一直對這件事很掛意。」二十多年後，她回憶起來仍耿耿於懷。這場車禍最重要的影響是「後來我就切記不要疲勞駕駛。」

之後曾有兩次她半夜開車回家，覺得太累，為了安全就不顧形象停車睡在路邊。「有一次睡在現在天母SOGO百貨對面的大廈前，因為那裡有管理員，比較安全。還有一次睡在士林中正路的福林加油站，加完油就睡，一睡就睡了兩個鐘頭，結果等我醒過來，車子卻沒辦法發動。計程車司機跟我說：『妳睡很久了喔！』我苦笑說：『沒辦法，在醫院上班啊。』」

從不足到打造新觀念、新基礎

一九七五年許瓊心進馬偕那年，正是馬偕小兒科盛世的開始。

一九六〇年代之後，因為戰後嬰兒潮的關係，新生兒特別多，那時候小兒科陣容最強的就是台大醫院與馬偕醫院。榮總雖然已經有了小兒科，但還沒有馬偕的規模。不過，早期台灣幾乎沒有新生兒的醫療和加強照護的觀念，不僅沒有新生兒呼吸器，連監測呼吸、心跳、血壓、血氧的監測器都沒有。

當年如果有小嬰兒需要用氧氣，氧氣鋼瓶的長度超過一公尺，大如砲彈般，因為重量太重，護理師還需要用滾動的方式，才能把氧氣瓶一路滾進病房，順便整路上把所有小朋友都嚇哭！

當時醫學生雖然有學到一些新生兒的知識，但遠遠不足。例如早產兒的呼吸治療，因為當年設備不足，那時候沒有人會用新生兒的呼吸器，「連馬偕的第一台黃疸照光機，還是我到台大醫院看他們的機器，回來請人自己做出來的。」黃富源說。

但從一九七五年開始，新的技術引入，也開啟了馬偕醫院新生兒照護的新時代。許瓊心正式進入馬偕的前後，恰逢幾位重要的前輩，已經為馬偕小兒科打造了新的觀念、新的基礎。

第一位是在一九七〇年到馬偕擔任小兒科主任的蔡炳照醫師。「當時的羅慧夫院長把剛從美國回來的蔡炳照醫師，找來當小兒科主任，改造了小兒科文化。他帶來新的作風與做法。」黃喜祥回憶道。

蔡炳照來了之後，「早上七點就要開 morning meeting（晨報會），每天都要。早上晨會，住院醫師要報告前一天對病患處理的方式和診斷，而且不只報告病例，之後的醫療計畫也要報告。以前主治醫師，通常只有自己有門診那天才會完整巡房。但蔡主任每天早上都要完整巡完自己的病人。巡房時，住院醫師對每個病患的資料都要有所掌握，不能臨時看資料，他也要求住院醫師要主動去看昨天檢驗的各種報告，不能到當天等檢驗室送出資料。住院醫師要隨時掌握病人的資訊，所以那時小兒科住院醫師都很緊張。真的是美國式的做法。」黃喜祥指出，蔡炳照的美式做法在當時台灣是少見的，也為馬偕小兒科奠下扎實的醫療服務文化。

「他很強調：**今天能服務病人的事情不要等到明天**。這既有經營的精神，也有服務的概念。」雖然，蔡炳照在許瓊心進入馬偕前就已經離開，但黃喜祥說：「我做事情的態度如果有值得許醫師學習的，也是延續蔡主任的精神。」

許瓊心成為住院醫師那一年，另兩位為她帶來深遠影響的，一位是從加拿大回台灣的何文佑醫師。「那時候新生兒醫學才剛萌芽，何文佑帶給我們許多關於新生兒呼吸窘迫症（RDS）的治療觀念。他進入馬偕，帶來新生兒的小兒呼吸器治療新技術。」之後，從美國回台的林尊信醫師也被黃富源主任禮聘回台，「他在台灣兩年帶著我們做了臍靜脈、臍動脈導管的放置技術，裝豬鼻子（鼻式持續呼吸道正壓，Nasal CPAP），監測血液中酸鹼度等照顧早產兒與重症新生兒的技術。」

早產兒因為太早脫離子宮，許多器官尤其肺泡發育尚未完全，會出現呼吸窘迫（每分鐘呼吸超過六十次，伴隨肺部浸潤，造成呼吸衰竭或無法自行呼吸）。在新生兒呼吸器引進之前，早產兒呼吸窘迫幾乎是致命的問題。脫離胎盤，早產兒還沒有吞嚥的能力，腸胃也沒有吸收力，臍動脈、臍靜脈導管就是替代臍帶，作為營養輸液與抽血檢驗的重要生命線。在這些技術出現前，體重一千五百公克以下的極低體重早產兒，可以說存活機率極低。

「當年又沒有健保，加上孩子生得多，沒那麼寶貝，很多這樣的小孩就直接被放棄了。」許瓊心的師父黃富源指出。如今呼吸器的使用在醫院中早已是家常便飯，也已經過好幾代進化，但在那個年頭，為那麼小的嬰兒插管、使用呼吸器來幫助他們呼吸，卻是全新的醫療方式。

最後，也是最重要的一位，就是面試許瓊心進入馬偕的黃富源醫師。在馬偕團隊口中被稱為「黃頭」的黃富源，在許瓊心的眼中，既是長官、是師父，也是像父親一般愛護她的前輩。

黃富源一九七二年從台大被挖角到馬偕醫院，一九七五年成為馬偕小兒科主任，當時年僅三十三歲。他為馬偕小兒科與台灣的新生兒醫療，建立了許多新的制度與做法，不只後來成為馬偕醫院的副院長，二〇〇〇年成為衛生署副署長，更在二〇一五年獲得亞洲醫療奉獻獎。

除了聘請國外回來的醫師教導新技術，一九七八年，馬偕小兒科在黃富源手中建立了台灣第一個新生兒加護病房（NICU），配備有可移動型X光機、台灣第一台全天可做氣體分析的設備。之後幾年又陸續首開台灣大醫院二十四小時到一般診所急救、接運產婦與新生兒的制度、成立染色體實驗室。他帶領團隊編撰的《臨床兒科學》，則是台灣最早出版的中文兒科醫學教科書。「早產兒基金會」也是在他推動下成立的。

除了制度，黃富源手把手地帶領馬偕醫院這群年輕醫師，他的態度與知識，對每個人的影響都非常大。許瓊心回憶起當年她穿著高跟鞋，用小快步，甚至小跑步，跟在黃富源身邊查房的日子仍然感覺歷歷在目。

「那時候沒有電腦、沒有網路，學習技術最好的方法是，從黃富源主任那裡聽他講述自己的經驗與見解。我當了主治醫師後，他還是不吝分享他的知識。每天晨會都會告訴我們他的經驗。處置病人不盡理想時，也會笑著告訴我們：『你沒有去看書喔！』我就養成碰到問題快點去查書。」

黃富源則用很簡單的一句話，總結他當年希望帶給馬偕醫師的價值觀：「我升主任後，帶過來的風氣就是要好好看病人、要努力讀書、要窮究真理、要會問問題。」

許瓊心眼中的「黃頭」，「幾乎不罵人，我沒看過他發脾氣罵學生。唯一一次比較明顯看到他露出不高興的神色，是因為一位新生嬰兒有氣胸，年輕醫師放胸導管的動作太慢，導致孩子血氧不夠，他就說『你這樣很不好』。即便在指責，他還是很溫和。所以我先生常會勸我：『妳罵人也可以學像黃頭一樣很溫和呀。』」

當年曾在馬偕擔任住院醫師的魏穀年醫師，在馬偕小兒科二十週年的紀念刊物上寫道：「（黃富源）老師一再強調詳實病歷記載的重要性，Admission note（入院紀錄）、Progression note（每日病歷）是老師對我們重要考核項目之一。……他要求切實的生理檢查，例如聽診不要隔著衣服、嬰兒的ＰＥ（理學檢查）一定要打開尿布……。」這種沒有大道理，只是**落實執行每一個細節**的要求，也在之後四十年影響了許瓊心，而且她對於執行力的要求更青出於藍。

許瓊心醫師生涯最關鍵的轉折——走上新生兒專科領域，背後的推手也是黃富源。

原本馬偕醫院的小兒科醫師就像一般診所的開業醫師，什麼毛病都看，馬偕醫院走向更技術本位的小兒科醫師分次專科，也是黃富源推動的，許瓊心則是他的第一顆種子。「總醫師結束之後，他問我要走哪一個分科，我選了新生兒科。」（新生兒是指出生一個月內的嬰兒。出生後三個月內大的新生兒，若因黃疸、腹瀉、發燒等問題，都可在新生兒病房中接受專業醫護人員的醫療與照顧。）

一九七八年，馬偕成立了新生兒加護病房。黃富源為了拉近台灣的新生兒醫療落後歐美的落差，「我問許瓊心，妳要不要去美國受訓。她答應了，她是第一個去受訓的。受訓三個月回來，她告訴我應該繼續派人出去。」

那三個月，開啟了許瓊心的視野，讓她對台灣新生兒的醫療有了大的夢想。

「那段美國受訓期讓我很震撼。我去俄亥俄州的克里夫蘭醫院（Cleveland Clinic）小兒加護病房，那裡很大，有二十幾床小兒重症病床，插管、放胸管的患者很多。我在那裡做的就是一般總醫師的事，幫病人抽血、插管、寫病歷，但沒有看診。最重要的是看到完整的加護病房醫療流程。有一次週末假期，我負責值班，那幾天加護病房非常忙碌，有十六台呼吸器在運轉，十個小病人插了胸管。我還跟著他們搭直升機去外接病人。」

她的頭髮被直升機的螺旋槳吹得紛亂，提著急救箱登上直升機，凱霍加河（Cuyahoga River）與伊利湖（Lake Erie）畔的城市景致一瞬而過，緊急降落到另一家醫院屋頂。病患推過來立刻送上直升機，十幾分鐘後就可以回到醫院進行醫療，讓她對美國大醫院醫療的效率與資源印象深刻。

另一個讓她更銘記在心的事情是，「他們對於重病是不厭其煩、努力去救。他們的早產兒都有制度性的追蹤，回家前有家屬教育，回去後有定期回診追蹤。有新生兒科醫師、骨科、復健科醫師、營養師、心理師、社工等，整個團隊一起幫孩子做評估，回診時是全面的檢查與評估。那時候我曾經跟過一個心理師，他告訴我，他們會做貝利嬰幼兒心智發展評估，心理師都受過訓練。那是一九八二年的事，我一直放在心裡。」

放在心裡的這個夢想，經過十年後，直到一九九五年健保開辦後，許瓊心才跟台大鄒國英教授一起規畫了早產兒追蹤計畫，透過早產兒基金會在各大醫院推動。

還有一個震撼是美國醫院面對生命與死亡的方式。「我印象很深，有一次去一家地區醫院接先天嚴重畸形的孩子，出去外接的新生兒科醫師在場，解釋孩子的疾病，告知孩子可能無法存活，即便插管救治，孩子也很痛苦。他們設置了一個房間進行這樣的溝通，也讓家長跟孩子可以獨處。我還記得那個爸爸，身材高大的男人抱著孩子痛哭，一邊跟孩子講話。那種道別很感人。我發現，美國即便孩子是殘缺的，他們還是當作重要的寶貝在看待。在那個年代，台灣這樣的孩子若是過世了，父母都不會碰，衣服穿好，葬儀社就送走了。」

多年之後，許瓊心與前馬偕醫院院長楊育正（當時他是早產兒基金會的董事長），提到關於早產兒的安寧照護。「我跟他說我很想做這件事。想由早產兒基金會補助醫院做安寧室的裝修。一回想到美國的父母向他們不幸離世的孩子道別時的情境，又令我感動流淚。所以他常笑我說：『許瓊心就是愛哭。』」

馬偕是台灣第一個有小兒安寧室的醫院，「孩子快過世或過世了，我們會把管子全拿掉，弄得乾乾淨淨的，讓爸媽在裡面陪孩子。通常都會陪好幾個小時，跟孩子講話、拍照、留頭髮，還會給爸媽百寶箱放孩子的東西。現在差不多十個裡頭有九個父母親，會在孩子走前進行道別。有些爸媽還會幫孩子準備芭比娃娃的項鍊。」如此對於小生命的尊重，也是許瓊心美國進修後夢想的實現。

許瓊心從美國回來就全力擔任新生兒科的醫師，從她的恩師黃富源眼中看來，「可以說非常辛苦，也非常努力。她來一個學一個，一直自己學；對不懂的病症，一定會看書、一定會問。因為病人很多，她也花了很多時間在新生兒加護病房。」

不過許瓊心回憶起那段時間，卻不認為辛苦，反倒覺得非常有成就感。「黃富源醫師跟我最深的淵源，就是設立了新生兒加護病房。他建立制度，我就努力讀書、努力照顧病人。他也去跟很多診所醫師，包括婦產科講解新生兒醫療，例如孩子有問題不要用計程車送，而是由馬偕的醫護人員先去處理好之後再送來等。他弄好了制度，我進去做，由我負責並不辛苦。他知道我喜歡照顧重症，有時候在加護病房會跟我說：『許瓊心，這個我看不懂，妳來幫我看。』讓我覺得很受重視、很開心。」

這種被重視感，讓許瓊心更加全力以赴。雖然當時醫院並沒有正式編制，但在小兒科內已經默認許瓊心是新生兒加護病房的主任。一直到二〇〇六年，由於醫學中心評鑑的要求，她正式成為新生兒加護病房唯一的專責主治醫師。在二〇〇七年張瑞幸醫師加入成為另一個專責主治醫師之前，「有一段時間，二十三床都是我一個人在顧耶！」多年後她講起來，仍然語帶驕傲。

黃富源與許瓊心這段師生情誼，甚至在多年之後，黃富源當過衛生署副署長又回任馬偕醫院副院長，還「罩著」這個學生。「因為她忙著顧病人，根本沒時間寫論文，我們醫院有升等機制的，她本來一直在資深最低級，都升不上去。我把寫了一半的糞便性腹膜炎丟給她，要她完成後面一段，好可以升等。」他在院務會議上脫口說出這件提攜後進的事，結果被當時的院長黃俊雄 K 了一頓，但黃富源講起來還是沒有後悔，「因為她真的非常好。」

從新生兒次專科的選擇到投入NICU，成為專責主治、再成為資深主治，許瓊心自己也成為年輕醫師的老師，每一年都被住院醫師評選為優良教師。恩師的建造，猶如她醫師生涯從起飛到高飛的那條指引跑道，「一直到現在，他都是我堅定的靠山。」許瓊心感恩地說。

第四章

就是拚了！許阿姨醫療傳奇

下定決心無論你做什麼，你會把整個人投入，你會擲入整個生命的重量。

——奧里森・馬登（Orison Marden，醫學博士、激勵大師）

二〇一六年，一個年輕的產婦因為緊急出血，趕緊叫了救護車。產婦上了車，請司機送她到〇〇〇婦產科，那是她產檢的醫院。還好救護車的醫護很有概念，問她：「妳懷孕幾週啊？」孕婦回答是二十四週。

「這樣不行，不能去普通的婦產科。我送妳去大醫院。」就因這位醫護天使瞬間的正確決定，改變了那個孩子一生的命運——準媽媽被送到馬偕醫院，提早落地的小嬰兒遇見了許瓊心醫師。

拚了！破表的吸氣壓力指數

一到馬偕醫院，她就被緊急送入產房，生下六百多公克、比巴掌再大一點的孩子。一出生，狀況就很不好，插管送到了NICU（新生兒加護病房）。

「因為媽媽是緊急生產，沒有機會讓她安胎，也沒有機會打產前類固醇讓孩子肺泡早點成熟，很快生產的結果，不只太小，先天的條件也非常不好。孩子二十三到二十八週前，是肺部發育的關鍵時期，像這樣的孩子，存活率大概只有五成。」許瓊心說。果然，這個寶寶很快就發生了肺部疾病。

有天晚上，許瓊心正在專心照顧另一個肺高壓的小孩，夜班護理師急急忙忙趕來找她。「十七床的小朋友血氧怎麼一直掉到八十八、八十九以下！」許瓊心立即移動到十七床，開始站在床邊調整呼吸器，「我一直在調整給的氧氣、次數、壓力，而且每次調整都要隨時去監測他的心跳、血壓、呼吸的狀況。你不能調了就走，需要很仔細的觀察，否則萬一調整的方式是他無法承受的，會出很大問題。所以我一直站在床邊不敢走。」

可是小嬰兒的血氧還是一直掉，已經掉到六十幾。許瓊心手裡握著呼吸器的急救壓力球，不停地壓著。只要壓一壓，孩子的血氧就會上來一點，但是一放掉，又馬上往下掉。「我心裡想，怎麼會這樣？趕緊叫人幫他照了一張X光，發現他的肺部都白掉了，已經幾乎無法換氣。」

在保溫箱旁邊的呼吸器，相對於早產兒小小的身軀，猶如龐然怪獸，而許瓊心扮演的則是馴獸師。無法正常呼吸的孩子，需要依賴機器給予生命氣息，但沒操作好機器，也可能傷到孩子。

「我一直微調呼吸器，給的吸氣壓力從十、十一、十二慢慢往上調。」照理說新生兒不能給太高的吸氣壓力，不然可能因吸氣壓力太高，氧氣過度而產生自由基，這麼小的身體無法排掉。「氧氣太高會對他的視網膜造成傷害，腸子也可能壞死。壓力太大，肺泡也可能會破掉。新生兒科醫生很怕氣胸，因為氣胸引發心臟血管壓力改變，常常會造成小孩子腦出血。書上都告訴我們，對新生兒來說，最高只能調到十四，過了就不安全。」

但坐在那裡、不斷調整機器的許瓊心發現，即便已經給吸氣壓力高達十四，對這名肺部浸潤的小嬰兒還是起不了作用。她心裡著急，但也知道急解決不了事情。她在手動與機器兩種方式之間不停切換，「我整晚站在床邊，有時候按壓力球幾分鐘，穩定一點就接回呼吸器，再微調呼吸器。調整給氧的方式與濃度，然後在床邊盯著數字看，同時仔細思考問題出在哪裡。」她後來發現，「我用壓力球給氧的時候，因為手的壓力比較大，他的血氧會上去，但一接回機器，因為機器壓力較小，血氧就又往下掉。機器顯示的數字，可能不是實際的數字。我不給高一點的吸氣壓力，他仍然會缺氧。」

那晚，許瓊心做了一個很大膽的決定。「我給了一個所有新生兒科醫生都會覺得恐怖的數字──機器吸氣壓力十六，沒想到他穩住了！後來血氧都維持在九十三、九十四。」

盯著孩子血氧數字的這個過程，從晚上大夜交班十一點，一直到她清晨五點去睡覺，從沒間斷過。「我五點去睡覺，早上八點總醫師來，看到嚇一跳說：『許醫師，妳怎麼給他這麼高的壓力！』但神奇的是，總醫師為孩子再照一張X光片，發現他整個肺部都好轉了！」

「嚴重的慢性肺疾病，給孩子適當的換氣，就是把機器調到適當的壓力，對孩子來說，比用很多藥物更重要。可是早產兒真的很難講，一個孩子一個樣，這個就是把壓力調高，肺部就開了。之後雖然還是需要戴氧氣，但後來整個養大的過程都很順。」

過程嚇人，結果卻令人歡呼。換個醫生再來一次，許多人還是不敢像許瓊心這麼大膽。很多人都問說：「許醫師妳怎麼敢，不怕肺泡破掉嗎？」

「我覺得這個孩子除了很小之外，沒有什麼理由喪失寶貴的生命，所以我經過仔細觀察後就大膽嘗試。我就是跟它拚了！當下我不會去想說，這樣會不會為自己惹上什麼麻煩。也不會半夜去把家屬叫起來，要他們簽同意書讓我做比較高風險的處置。這是我要去承擔的。我不會怕。」

不怕，拚了！但那絕不是莽撞行事。「我的醫療處置也是有準則的，不是隨興亂做。只是有些情況，不是按照書上告訴你的去做就可以；為了搶救孩子的生命，你非冒險不可，就是要去做『當下最對』的事。」

做當下最對的事，為了孩子的命拚了，然後勇於承擔。在NICU，許瓊心拚出一個又一個的早產兒醫療傳奇。

「換血」離開鬼門關的孩子

或許，馬偕醫院的那些早產兒，也曉得許阿姨常常深夜了還在醫院「顧攤」，所以常常在深夜給她出難題。換血的小錢錢就是其中之一。

這個在外面婦產科出生的孩子，送來時只有六百多公克。雖然外觀看不出來，但到院之後，醫護團隊驗血偵測血液電解質，就知道問題很大。因為血鉀太高，看心電圖也可以看到心臟亂跳，波動（QRS）很大，是嚴重的心律不整，表示高血鉀已經造成心血管系統出問題，需要急救。「心跳不正常，造成血液輸送有問題，所有的器官都會受影響。所以我要趕快處理，否則會有併發症產生。」許瓊心回憶當時狀況。

起先他們給予常規治療，「像是噴藥保持他的血糖與血液酸鹼度穩定，讓鉀離子不會跑出來。」但噴藥效果不明顯。「三個小時後接著就打鈣針，但打了鈣針還是撐不到幾分鐘，心臟又開始亂跳。我知道這樣不行，又趕緊叫他們改用胰島素加上糖液來治療。因為這麼小的孩子，鉀離子穩定酵素還沒有成熟，很容易跑到血液中，透過糖分增加可讓鉀離子回到身體裡。但糖分拉高又容易造成酸血症，所以要配合使用胰島素。」許瓊心快速講了一連串醫療名詞與道理，她想表達的其實是當天整個醫療團隊圍著小朋友，用盡各種方法想讓他恢復正常心跳的場面。

到最後，小小的孩子身上插著針頭打鈣，別人都是一段時間注射一次鈣針，他卻是用吊點滴的方式，加在輸液中持續地滴。在這個孩子身上也已經用到最高胰島素，一公斤用到○・二個單位。但即便做了所有常規可用的處置，還是沒有用。「到半夜十二點那次驗血報告出來，鉀離子還是高達八（六以上就危險了），住院醫師打電話告訴我『孩子心搏過快』。」她知道小孩已經非常危急。不過這個最壞的狀況，許瓊心事前已在腦中沙盤推演過，所以即使接到緊急電話，倒也不會忙亂。

許瓊心決定大膽做一件馬偕醫院從未在極低體重新生兒身上做過的事。「準備換血吧！」她告訴住院醫師。

她很快地在電話中指示該做的準備，「本來已經回到家了，又趕緊從天母行義路開車衝下山。還好半夜沒什麼車，中山北路一路開，沒有闖紅燈，十八分鐘就回到醫院。」回到醫院，許瓊心看到孩子安安靜靜地躺在保溫箱中，絲毫不知醫師救他性命的招數只剩最後一招。

在錢錢之前，馬偕醫院有幫高血鉀症的小朋友做過換血，但那是一公斤以上的寶寶，可以透過腹膜透析來進行。但這個孩子才六百公克，沒辦法腹膜透析。她想到先前看過一篇論文寫道：如果小孩腦部沒有出血（高血鉀小朋友容易腦出血），可以採用交換輸血。「但這麼小的孩子，究竟要怎麼換？要用多少的血液來換？書上都沒有寫。」

這是全新的經驗，幸好那時馬偕NICU另一位專責主治醫師張瑞幸剛從國外回來，「我之前就有去問她。她說她也沒做過，但她知道國外都是用洗滌過的紅血球，洗掉紅血球上的抗體以及代謝後的物質，再配上血漿下去換血。」因為血庫血液裡的紅血球本身可能帶著鉀離子，所以要洗過才能給這麼小的高血鉀患者使用。

那天晚上很緊急，許瓊心到達醫院之前，已先下了兩個指示：住院醫師趕快推機器來掃腦部，還好結果顯示腦部正常，同時請血庫做紅血球洗滌。醫院血庫的工作人員非常配合地在半夜加工洗血。到了醫院，她發現有個阿公焦急地等著。原來，住院醫師要家屬來簽醫療同意書，但因為媽媽在診所做月子，爸爸在國外，七十歲的阿公匆匆趕到，聽說要換血，臉都嚇白了。

本來換血是用兩條管子接動脈與靜脈，一邊抽、一邊輸，但是這個孩子太小了，血管太細，沒辦法用一般動靜脈導管。怎麼辦？後來醫療團隊想了一個方法——透過肚臍！剛出生不久的寶寶，原先跟母體連接的管路（肚臍）還沒完全閉鎖，他們用生理食鹽水把原先半乾的肚臍泡溼之後，再用臍靜脈導管深入嬰兒體內，透過這個方式就可以用同一條管子抽血、輸血。

然而問題又來了，嬰兒太小，制式的臍靜脈導管太軟，根本放不進去！

「我就跟總醫師說，趕快改用比較硬又小的鼻胃管。」果然管子順利放入臍帶，同一根管子，一邊抽五ＣＣ、一邊輸五ＣＣ，就這麼一進、一出、一進、一出，從半夜三點多開始換了一個多小時。到五點，外頭東方天際已經漸漸明亮，雖然在急診室看不到，但醫護團隊心中也出現了曙光。孩子的狀況穩定了，六點多報告出來，血鉀的濃度已經恢復正常，心跳慢慢穩定。

經歷這一場鼻胃管換血記，錢錢離開鬼門關了！

整晚沒睡的許瓊心與醫護團隊終於有心思開玩笑，護理師說：「許醫師，妳半夜出門，還是有模有樣，口紅也有擦，一點都沒有蓬頭垢面喔！」

這個家庭跟許瓊心還有個小小的後續。「聽說錢錢媽媽第二胎還是早產，第三胎她終於知道要小心了，跑來馬偕安胎。恰好產前會診輪到我，我一看就說：『怎麼是妳！』她就笑說：『對啊，我們又見面了，真是有緣！』那一胎她安到三十三週，生下來就不用住加護病房。」

從不停止學習的「老師」

新生兒加護病房的小病患，常常會出現找不出原因，卻又危急致命的狀況。只要聽許瓊心講起這些重症早產兒的故事，就會感受到，有些小朋友的命都是她用繡花般的細緻、超人般的意志與體能，以及別人難以複製的直覺或靈感救起來的。

像二〇一八年底住院的凱凱能驚險過關，就是許瓊心這三點加起來的代表作之一。凱凱出生沒多久，就出現無預警的心律不整，接著休克，心臟科醫師用了特殊藥物才壓制住心臟的異常狀況。但沒多久再次發生心律不整、休克，而且更糟糕的是，大片腸子壞死。「心律不整在文獻上有發現的確會造成腸子壞死。正常的只剩下十公分，經過兩個多月後長到二十公分，其餘大部分壞死。手術切除後，把切除掉的腸子當中還堪用的小段接一接，也只有十三公分。全部腸子加起來只有三十三公分。」手術結束，許瓊心聽到消息，內心一沉。

苦難尚未結束，從中午開到晚上的手術完畢，凱凱大出血，十小時內輸血九十五

ＣＣ，差不多等於凱凱身體血液量的三分之二。檢查起來，他的血小板數目與凝血功能都正常，照理來說凝血功能應該沒問題，可是不知為何一直出血。

「從他小夜班開完刀我就不敢睡，陪著他，只有兩點多去瞇了一下，但其實躺在床上也睡不著。」她躺在值班室的床上，眼睛雖然閉起來，腦袋卻轉個不停，一直在想：為何還出血？該如何處理？

「住院醫師去休息，半夜三點多我還是爬了起來，盯著他的血壓，看他的尿布有沒有溼、確認是否有排尿，檢查電解質的狀況。發現他還在出血，因為血紅素一直掉，蓋住引流管的紗布整疊都是血。」本來凱凱只有輸紅血球，但夜半時分，許瓊心在保溫箱旁看著這個有可能因為出血不停而保不住的孩子，腦中閃過一個意念：「我請血庫送血小板跟血漿來讓護理師幫他輸血。」這個做法，其實是用來治療凝血功能不健全的病患。雖然凱凱凝血功能檢查看似正常，但她因為某種直覺，採用了這種常規之外的做法，而且真的起了作用。

「上帝憐憫我，第二天早上，他的血就止住了。之後沒有再流血，血紅素也都正常。不然本來當天下午一點還要再開一次刀，看看問題出在哪裡。」小朋友幸運不用再挨一次刀、多受一次苦。經過兩個月，奶量也慢慢加到每三小時五十五ＣＣ。

「之後，我問外科醫師，我到底哪裡做對了？他們說，雖然數字告訴我們小朋友的血小板、凝血功能都很正常，但可能輸血小板與血漿還是做對了。其實真正的答案我們也不知道。」

後來凱凱順利出院，過了幾個月當許瓊心再次看到他，小朋友已經可以啃米餅了！「照顧過他的住院醫師看到他從那麼困難的狀況，長成現在這樣，都好開心。這就是為什麼我喜歡在加護病房，雖然很驚險，但你若好好照顧，他們還是會好起來。他們說我太強了，我覺得可能是我經驗夠，又運氣好。」

應該說，看似運氣或直覺的背後，其實也是無數不懈的努力，以及永遠要找出答案的心志所帶來的。「她每次都拚了全力找方法治療病人，一次一次都是練功，練了幾百、幾千次，當然就厲害了。」許瓊心最親密的夥伴，她的先生連江豐醫師下了這個注腳。

「早產兒超乎想像的狀況太多，不能不謙虛、一定要一直學習。」許瓊心認為，**不能只靠苦工夫，而是知識、技術仍要與時俱進**。即便已經是四十年的老經驗，她從來沒有停止學習。

剛擔任新生兒加護病房專責主治醫師時，台大舉辦了小兒重症照護課程，第一天上課，教室裡滿滿二十幾、三十出頭的醫師突然發現，前方第一排坐著一位熟悉的背影。

「那不是許醫師嗎⁉」「她怎麼來了？她是老師嗎？」不少人竊竊私語，因為不管在馬偕或台大，都有她帶的學生。這位身形纖細、兩邊頭髮永遠夾得整整齊齊的前輩臉孔，台灣兒科界的醫師都很熟悉。後來大家驚訝地發現，許瓊心是去當學生的。每次上課她都準時出現、認真作筆記，而且課程結束還跟大家一起參加考試，一點都不馬虎。「她從頭到尾都非常認真，旁邊一起參加的馬偕醫師沒人敢走。」有一位在場的學員後來這麼告訴別人。

找到奇藥救手指

不少人說許瓊心創造了NICU許多醫療傳奇，但她並不認為是自己一個人的功勞，「困難的個案，要靠團隊；尋求團隊的協助很重要。」

許瓊心的老師黃富源醫師曾說，新生兒科是最沒有「賺頭」的科別，因為小孩子生下來，若是順順利利，很快就回家長大。若出現狀況，會視病因由心臟科、腎臟科、肝膽腸胃科……等醫師進來一起主治，開刀還有外科，矯正還有復健科。但也因為這樣，新生兒科尤其是新生兒加護病房的醫師，要扮演的是最佳整合者，既要能對症找到合適的醫療資源、尋求團隊支援，又要願意花苦工監督、掌握每個醫療細節，整合團隊同心使力。

「碰到困境，我一定到處問別人，不會認為自己很厲害。我很依賴護理師、依賴別的醫生幫忙。」為了拚命救她的巴掌仙子，許瓊心求助的對象有時會超越馬偕醫院的同仁。

跨院醫師的協助，也讓她曾為一位早產兒找到一種出人意料，卻能降低醫療傷害的藥物——威而鋼。

這個故事來自一位出生只有五百多公克，血管只有如同「縫棉被的線」那般細的小弟弟。因為肺部發育不完全，出現慢性肺疾病，「需要常常監測他的血氧濃度，怕他血氧太低，又要避免給氧太高造成氧傷害。」不停地注意監測數據，不時細微調整給多少氧氣，真的就是一項精密如繡花般的醫療工作。

然而，目前監測血氧的儀器都不是特別為這麼小的娃娃所設計，所以監視器沒辦法精確告訴醫師小弟弟血氧濃度的程度。「所以我要由周邊動脈放一個動脈導管來監測，才能精準測量。可是因為他很小，才五百多公克，血管大概只有縫棉被用的粗線那麼粗而已，放動脈導管到那麼細的血管中，可能會引起血栓或血管痙攣，造成末梢血液循環不夠，手指頭就會黑掉！」許瓊心皺著眉頭說。

台灣有些早產兒，就因為這樣而需要截肢，甚至手指頭都自動乾掉脫落。「裝置動脈導管是為了救命而不得不的措施，卻造成截肢，這在新生兒醫療是一件很難過的事。」

她一開始就決心不要讓這重大傷害降臨到小弟弟身上，然而這個孩子並沒有避掉這個危機。動脈導管裝置後一段時間，許瓊心發現孩子有三根手指頭開始變黑。起初她用標準的治療——熱敷，來促進血液循環，同時打抗凝血的藥物。「打抗凝血的藥，卻沒有出現效果；熱敷，則會短暫好轉。但有一天我下診時去看他，發現他手指頭愈來愈乾。我嚇死了。」

發現孩子的手指頭黑掉，許瓊心沒有對家屬隱瞞。家屬憂心詢問：「許醫師，最壞的打算是怎樣？」

「可能手指頭乾掉要切除，手指會少一截。」擔心的父母對於馬偕的醫療團隊沒有任何責怪。他們說：「謝謝妳告訴我們，就放手去做吧。我們會禱告，希望上帝能保住他的手指頭。」

或許上帝聽了爸媽的禱告，後來竟意外打開一條治療的新路。

為了找看看有沒有其他搶救小指頭的方法，許瓊心急著上網查資料。「我發現國外文獻上寫說，有一種硝酸甘油的藥膏，敷了效果非常好。我就拚命去找，想看看台灣有沒有這種藥膏。」

現場有位醫師告訴許瓊心，新光醫院有硝酸甘油的貼片，那是心臟科用的，有促進血管擴張的作用，可能可以用來貼早產兒的小手指頭，促進血氧供應。她立刻打電話給新光醫院小兒科主任醫師穆淑琪，「聽說妳們有硝酸甘油的貼片，妳幫我跟藥局調幾片，我會去拿。我有小朋友手指頭黑掉了。」

聽到許瓊心著急的語氣，穆淑琪醫師對她說：「老師，妳怎麼不用威而鋼去敷？」

「什麼，威而鋼!?」穆淑琪告訴她，威而鋼這種能快速擴張血管，幫助男性克服勃起障礙的藥物，也可以用於末梢血管痙攣的早產兒身上。「可是威而鋼怎麼用啊!?」

「用生理食鹽水沖泡成一 CC的藥水含一或二公克的威而鋼。威而鋼一顆是一百公克，可以用半顆泡成二十五 CC的藥水濃度，這樣就可泡出一 CC含二公克的威而鋼。再用棉花浸過，去敷手指頭。敷三十分鐘、休息十五分鐘再敷。」

許瓊心趕緊叫護理人員按照這個方法先泡威而鋼，但因為是第一次使用，不確定能否見效，為了保險起見，她自己又再搭計程車去新光醫院拿硝酸甘油貼片。去到新光醫院已經有個藥師在門口等她，她連車子都沒下，就搭原車飆回馬偕醫院。拿了貼片回來，她還在那裡研究硝酸甘油貼片怎麼切、怎麼幫小嬰兒貼的時候，護理師興奮地跑來告訴她：「許醫師，他變好了耶！」

「她說，就在我搭計程車去新光的三十分鐘內，她們給他敷威而鋼藥水，結果手指頭從原先乾乾黑黑的，開始逐漸變好！結果真的敷了五、六天後就全好了。」多年後，許瓊心講到這個結果，依然充滿了喜悅。

因為跨院醫師的協助，許瓊心救了小孩的指頭，她催促穆淑琪醫師趕緊發表這麼好的治療方式。那一年，在台灣新生兒科醫學會薪火相傳的演講中，她也講了這個故事。「講完之後隔兩個月，我去台大巡房，就有醫師告訴我，『老師，妳那天的演講，救了另一個在台大新竹分院的小孩子。』能夠有這樣簡單又不貴的方法避免截肢傷害，真是太好了。」

「照顧早產兒就是要鍥而不捨。我們有做早產兒追蹤，現在這個孩子已經好了，又可愛又活潑又聰明。我很開心。」

所有的無眠夜、所有的驚濤駭浪，她用一句話以及滿足的微笑，簡單地自我注解。「我真的很喜歡做重症。**能把孩子救起來，真的是太棒的工作了！**」

第五章

doctor-patient bonding

愛不是將自己剩餘的、不要的分給別人，
而是以全心將自己所有的、心愛的分給大家。
——德蕾莎修女

「妳腦子裡只有病人，所以關於病人的事情全都記得很清楚！這是我先生講的。」從事新生兒、早產兒醫療工作四十年的許瓊心，開著國產TOYOTA，沒有名牌包，不度假休閒。她的學生李醫師笑稱，「別人是逛街買名牌，我們新生兒科醫師是逛醫療用品店，有折扣時去搶購，買來給小小孩用。」

若問許瓊心這一生至今有什麼重要資產？她的答案就是一個又一個救治小病人的

故事。

「她記得每個孩子的名字，二、三十年了都還記得！」

「她不只是醫生，根本就是病人的二十四小時管家！」

「她做了非常多的犧牲。她做得到，我做不到！」

「她不僅醫術上無人能及，全心全力對待病人的程度，可以說是空前絕後的人吧！」

當被要求為許醫師的醫療生涯下一句注解，所有人說出來的話都帶著驚嘆號。只有許瓊心自己說出的卻是個反問句：「對病人好，有什麼不好⁉」醫生要對病人「視病如親」，或許聽起來像是高調的口號，但馬偕醫院新生兒加護病房的許阿姨，則用比高標準還要更高的標準來實踐這四個字。

二十四小時醫師

場景來到二〇一四年，許瓊心正與一群台灣的新生兒科醫師到日本開會。那是個行程滿滿的一天，中間空檔，她的手機出現一則簡訊：「許醫師，孩子燒到三十八度，有點流鼻涕，怎麼辦？」

那是一歲多的孩子、嚴重的食道氣管瘻管患者，要從肚子邊開孔灌奶、灌食物。孩子胃食道逆流很嚴重，肺部也容易感染。她立刻打了越洋電話給那個媽媽，「妳趕快去掛馬偕感染科〇〇〇醫師的門診。」放下電話，她還不放心，又打回台灣吩咐住院醫師向感染科醫師打聲招呼，告知孩子先前的病史。

隔天參訪又是一整天的會議，回到飯店已經晚上十一點。一回房間她就忍不住先在床上躺平。誰知才喘了幾口氣，手機又傳來簡訊的聲音。拿起電話，便看到孩子媽媽焦急的簡訊：「孩子燒退了，可是愈喘愈厲害！」因為實在太累，她無力從床上起身，就躺在床上打越洋電話給孩子的媽媽：「可能是呼吸道融合病毒，趕快掛急診，可能要住院。」

打越洋電話給小病人家屬連線指導，是許瓊心每次出國考察必然出現的場景，因為她是一個會把手機號碼給病人的醫生。越洋電話的那一頭，並不是某個高官太太或企業名人，那位媽媽只是眾多擁有她電話號碼的患者家屬當中的一位而已。

過去十三年，許瓊心在新生兒加護病房擔任專責主治醫師，單單計算她照顧過的極低體重新生兒（出生體重小於一千五百公克），就有近千位。每個一千公克以下孩子的父母親，都有許瓊心的手機號碼。如果再加上體重超過一千公克的重症小病患，以及她還沒有擔任NICU專責主治醫師之前給出去的，究竟有多少小朋友家長擁有她的聯絡電話，連她自己也算不清。

事實上，甚至早在沒有手機的年代、還沒有擔任NICU專責主治醫師前，她就已經開始給患者她的桌機號碼。

「三十幾年前，馬偕的李燕晉醫師出國進修，那時黃富源主任把李醫師的內分泌科病人轉給我看。那些病人主要是小兒糖尿病患，並不是我的專長，我只能小心照顧小兒糖尿病患者。現在小朋友都有專屬個案管理師協助家長，但當時沒有。因為需要隨時指導父母，我都會直接給電話。那時沒有手機，只有桌機，那些媽媽就會打電話到我家裡，電話中我會告訴她們，長效針、短效針要怎麼打，比例多少。有時候我也會主動打電話問她們：『今天血糖怎麼樣？』」

每個好醫師都會傾全力救治病患，但是給手機號碼讓病患能二十四小時找得到，不僅讓人難以想像，甚至覺得匪夷所思：「這醫師瘋了嗎⁉」面對這樣的疑惑，許瓊心卻是舉重若輕，先講了一個小故事。

「我有個患者是外面轉來的小孩，問題是無肛。經手術治療好了之後，在他們生老三時，爸爸打電話給我，『醫生，我太太生了老三，好像又有問題。』可是那時候馬偕在整修，沒有病床，我只能先幫忙他們轉到北榮（臺北榮民總醫院）。診斷懷疑是巨結腸症，需要手術治療，家屬希望轉回馬偕醫院開刀，因此打電話要我幫忙。後來轉回馬偕開刀，一切順利。北榮的醫師問我：『瓊心，他們怎麼能找到妳？』我就說：『這是我跟病人之間的祕密。』其實是因為他們是很弱勢的家庭，父親是燒窯工人，每次要從三峽帶孩子來台北看病都很辛苦。有一次我看他沒有穿鞋子，髒髒的紗布纏著腳，他說是受傷沒鞋子穿。看了真的很心疼，又須面對孩子較困難的病況，所以我給他們手機號碼，讓他們就醫較方便。之所以會給病人號碼的起心動念，便是看到像這樣弱勢者的無助，我覺得若是他們有困難時，好歹有個人可以求助就好了。」

「愈是弱勢者，愈要給他們我的手機號碼。」許瓊心的邏輯跟時下ＶＩＰ才擁有特殊管道的邏輯恰好相反。或者應該說，弱勢家庭在她眼中更該當成ＶＩＰ來照顧。

一開始是比較沒辦法的家庭，她提供私下聯繫管道。但因為十幾年前一件讓她心疼的事件，許瓊心開始廣泛地給她的病人電話號碼。

不讓遺憾再次發生

當時的景象，許瓊心至今仍歷歷在目。那一天她照常在新生兒加護病房忙得團團轉，因為有馬偕的住院醫師要準備考試，她還撥空幫他們考前複習。忙到中午，稍微喘口氣的時候，想起了自己曾照顧過的一位早產兒小妹妹，正在兒童病房住院，於是收拾一下東西，從十樓走到十一樓，打算探望一下她目前的狀況。

小妹妹是因為母親妊娠毒血而早產，出生時約二十八週。許瓊心當時照顧了一段時間，孩子的狀況不錯，也順利長到一歲多。不過，有一天小妹妹的家人帶她來掛急診，因為孩子發高燒，還喘不過氣。孩子的爸爸媽媽都有嚴重的過敏體質，小妹妹也被懷疑是嚴重過敏氣喘，於是住院由別的醫師主治，因為是許瓊心之前的患者，所以許醫師是協同照顧。小妹妹的狀況一直沒有改善，醫院開始為她進行過敏檢查。

沒想到，當她走過兒童病房時，竟然發現阿嬤在病房的治療室外面，雙手合十、雙膝跪下，佝僂著身子，低頭迫切地祈禱。

「發生什麼事？」護理人員回答：「在CPR（心肺復甦術）！」

「在急救為何沒叫我!?」護理人員告訴她，因為有別科的主治醫師在處理，所以就沒有叫她。

「我衝到裡面，發現他們一直在壓胸，但心跳一直上不來。我趕快叫他們直接插管，後來心跳恢復，但是在加護病房出現抽筋。」結果小妹妹因為心跳停止太久，缺氧腦傷非常嚴重，變成腦麻重殘。阿嬤很難過地跟許瓊心說：「他們說妳在忙，我們不知道怎麼找妳。」

「我非常難過，因為那孩子後來變成重殘，她本來是滿正常的早產兒。團隊的急救是按著CPR標準作業來進行。可是我認為急救也關係到經驗；因為領域不同，所以非兒科重症的醫師比較無法意識到，這種狀況多半是呼吸道問題，需要早點插管。」小妹妹後來被發現並非過敏，而是得了早產兒最怕的呼吸道融合病毒（RSV）。

「這個案例也讓我感覺，如果當初她爸爸、媽媽有我的手機，在最初出現狀況時，第一時間就找到我，狀況可能不一樣。」

小妹妹的父母對醫院沒有任何責難，雖然很難過，仍盡心照顧著腦傷的孩子。「上山下海都推著輪椅，帶著她一起玩，後來孩子得了腺病毒，五歲就當小天使走了。她的父母很認真，還教導我許多照顧腦麻孩子的概念，例如要注意骨質疏鬆，需定期補充鈣等。這對夫妻後來又生了兩個小孩，小的現在已經四歲了。」多年過去，許瓊心與這個家庭已經成為好朋友。

也因為這個案例帶來的遺憾，「後來所有一千公克以下，或比較困難的個案，我都一律給父母手機號碼。我希望孩子有困難的狀況時，有比較知道孩子身體狀況的醫師可以協助。我不是說自己萬能，但至少他們找得到我。好歹，我也可以找人幫忙。」

為了讓她的巴掌仙子有需要時，可以隨時串起電話連線，許阿姨沒有關機的時候。「我半夜都會接，也不會抱怨，因為你不知道會是什麼狀況。」

在馬偕已經跟許瓊心共事多年的早產兒個案管理師陳淑貞說：「她出國一定要我幫忙確定手機可以漫遊，以便她接到病房以及病人的電話。漫遊的費用都是她自付的，但她從來不管會不會很貴。」

不只一個人曾對許瓊心質疑：難道生活不會遭受嚴重的干擾嗎？她都只是淡淡地說：「其實還好啦，不知節制的只是少數人。」但看在周圍同事的眼中，這絕對不只是「還好」。

「她在忙的時候，我們都不太敢找她，只有她的病人家屬隨時會打來，也不看時間。」另一位個案管理師陳珮臻就記得，「有個早產兒的阿嬤，竟然半夜四點打電話給許醫師說：『我孫子沒大便怎麼辦？』還有一次，她已經忙了大半夜沒睡覺，才去闔眼半個小時，就有家屬打電話給她，『半夜我們買不到造口的便袋，要去哪裡買？』沒大便多等兩、三個小時有什麼關係，為什麼要半夜吵許醫師!?」陳珮臻愈講愈激動，替許瓊心覺得氣憤。

但許瓊心卻沒當一回事，「我還是寧願他們有事情找我，而不是找不到我或不敢找我。早產兒很多狀況是不能被耽誤的。」

最寵病人的「許阿姨」

「她真的很『寵』她的病人，連帶也『寵』小朋友的家人。」許瓊心的學生，目前在嘉義基督教醫院的黃琳淇醫師觀察道。

在兒童發展心理學中有個專有名詞「parent-child bonding」，可以翻譯為「親子親密關係」。根據許多研究，parent-child bonding 可以滿足孩子情感的需要、給予安全感，幫助他們身心的發展，影響到他們長大後的情緒控制、人際關係，甚至與未來的成就產生正相關（可參考英國學者羅柏・溫斯頓〔Robert Winston〕、蕾貝卡・齊科特〔Rebecca Chicot〕，二〇一六年論文）。

許瓊心則把這種父母與孩子緊密的關係，移植到她跟患者的關係上。「我常跟我的學生說，人家說 parent-child bonding，我們也要做 doctor-patient bonding（醫病親密關係）。」

這種跟病人「抱緊緊」的關係，除了二十四小時開機的手機，個案管理師陳淑貞說：「許醫師還扮演了太多角色，她既是醫生，也是全能的管家，也是媽媽。家屬所有的事情都依靠她。比如說掛號，大部分病人要自己掛，但她的患者卻是她幫他們掛號。因為她不希望病人一天到晚跑醫院，怕孩子被感染，怕他們太累，所以她會幫他們把要看的診全部集中在同一天，例如要做聽力檢查、要看眼科、要看許醫師。其實，要把所有該看的科別都掛在同一天是高難度，但她還是會盡量幫他們東湊、西湊『喬』在一起，讓孩子可以在一天內完成該做的檢查。甚至，孩子的家長只有禮拜一比較方便，她也會盡量幫他們掛號那一天。反正，為了她的孩子，她就是可以做很多事情。」

這種照顧病人的心，看在旁人眼裡，**也是一種驚人的意志力**。「她照顧病人的意志力實在超乎常人。在浴室滑倒受傷，一般人會躺在床上不亂動，但她自己塗藥膏、彈性襪一穿、布鞋一套，還一拐一拐地跑來醫院。出國前第一件事，是把旅行箱扛到醫院，全部病人看過一輪之後才出國。回來也是，旅行箱先扛到醫院，全部病人再看過一輪再回家。」陳淑貞說著說著嘆了口氣，「她吃不好也沒關係，受傷也不喊痛，但她的病人不能受到任何委屈。」

例證之一，在馬偕住院的重症小朋友，都可得到一種特別的小好處——免費使用某種貼布來護理他們插導管的地方。這種抗菌貼布貼在動脈導管或靜脈導管上，可以避免因擔心感染而每兩星期更換導管，但因為比較貴，健保並不給付。許瓊心心疼那些住院的孩子，不想他們還要為了擔心感染而經常更換血管的導管，所以定期自掏腰包購買，直接放在病房內，給有需要的孩子使用。

媽媽或阿嬤的心，不忍寶貝多受一點委屈，也會為了寶貝好，而變得擔心、嘮叨。只要在許阿姨的早產兒追蹤門診診間待上一小段時間，聽她跟每位家長的對話，就能感受她那超越醫師角色的長輩魂，透過關心、叮嚀，甚至透過教訓，來寵她的患者與家屬：「有拿食物給他抓著吃嗎？」媽媽表示怕小孩噎到，只有給他玩具熊。

「（口氣有點兇）不給他機會，他怎麼學得會？不要煮太軟，就讓他用手抓著舔啊，掉滿地也沒關係，久了就會。怕他噎到，妳陪他就好啦。」

「現在每天讀書（給小寶寶聽）讀幾分鐘？」

「以前復健老師教的健身操還有做嗎？」

「記得不准給他看電視喔，平板也不准！」

「你還有兩個比較大的孩子有打流感疫苗嗎？沒有!?（提高音量）這樣很危險耶（繼續提高音量）！」

「晚上幾點睡覺？」父母回答十點多。「太晚了喔！（表情不悅）會長不高，變everyday（台語諧音，矮肥短）。」

面對比較粗心大意的家長，「爸爸，聽力檢查不能等喔，最近就要趕快去做，幫你約好了，這禮拜五上午，你們不要忘了。我會注意你有沒有帶去喔，沒去我會生氣。」「評估報告出來，妳看不懂的話，傳個簡訊給我，我幫妳看。」doctor-patient bonding **那緊密的愛的連結，也可以牽絆三十幾年不休**。

「奶米水」收契囝

現在，要從台北中山北路的馬偕醫院到新莊、泰山交界地區，如果透過大眾捷運系統，可以從捷運雙連站到民權西路站、轉中和新蘆線到新莊站，再換往泰山的公車，約花四十五分鐘就到了。

三十五年前，住在泰山大科的彭太太，常常抱著不滿一歲的小兒子，坐一個多小時的巴士，才能到得了馬偕醫院看診。她的大兒子與小兒子，因為基因異常的緣故，一出生就得了先天性巨結腸症（一種因大腸的肌肉層缺乏神經節細胞，以致無法調節大腸進行正常排便活動的先天性疾病）。

出身雲林的彭太太與來自水里的先生結婚後，北上打拚。先生工作不穩定，她又要帶生病的孩子，家庭經濟狀況十分窘迫，只能在泰山、新莊交界頗為偏僻的地方，分租了一間公寓的房間。她跟孩子擠在房間內，做縫雨傘的手工補貼家用。

她大兒子的巨結腸症，有頑固性腹瀉，在親餵母奶後，居然平安度過了十個月，最後因無法順利排便，只好回來接受手術。許瓊心還記得，「那時沒有健保，他們的小孩拉肚子又黃疸，巨結腸症會有頑固性腹瀉的症狀，但她沒錢住院。他們夫婦對我說：『許醫師，我們真的沒有辦法，這是我們的命。』」手術矯正後算是順利，但小兒子卻多災多難。

「小的那時候命運很坎坷，出生大便大不出來，婦幼醫院住了三天就跑馬偕。開了兩次全失敗，肚子都膨起來，只能在肚子旁邊挖個洞讓大便出來。」現在已經六十五歲的彭太太，圓圓的臉回憶起當年狀況，激動起來嗓門很大。「小兒子住院，我那時候晚上到白天都住在醫院。因為買不起奶粉，小孩子都吃我的母奶，所以人都得在醫院。醫院的床不給家屬躺，我會爬上去偷睡，沒法度啊（台語，沒辦法），沒辦法整天沒睡，睡到後來護士也麻痺了。因為住院太貴，所以稍微好一點就帶回家自己顧。醫院來來去去，真的很苦。」

巨結腸症的孩子接回家後風險很大，無法正常排便，孩子會有感染風險，短時間不能吃就只能打營養針。許醫師只好勸媽媽讓孩子住進小兒外科的隔離病房，將孩子限制活動之下施打靜脈營養針。

天下父母心，彭太太看著受苦的小兒子，很怕失去這個寶貝。又看到一直用心照顧孩子的許瓊心，個性直率的她，對許醫師提了一個意外的要求：「許醫師，阮兒給妳做兒子好不好？」

以前的人相信，若是孩子不容易養大，要找個鎮得住的人來當契父母（乾父母或義父母）。「沒想到，許醫師一下子就跟我說『好』，都沒猶豫。」彭太太反而有點不放心，當下又對許瓊心補了一句：「我這個兒子不是要賣妳喔，只是給妳當契囝（台語，乾兒子）。」

為了認這個乾兒子，許瓊心乖乖聽從彭太太的「指示」，下了班去買米。隔天按古禮提著一壺裝了米與水的「奶水米」，又買了套新衣服，在病房認了乾兒子。彭家小兒子在加護病房住了一個月，那一個月許瓊心供應奶粉，解決媽媽無法進加護病房餵奶問題。

甚至，「阮出院，許醫師還幫我們出了一半的醫藥費！」當年在新莊、泰山一帶，三房的公寓一戶只要七十幾萬元就可以買到，但因為當時沒有健保，小兒加護病房一個月的住院費用高達十幾萬。許瓊心默默地付出，除了彭太太沒人知道。「她實在對我們有夠好的。我都跟我兒子說：『乾媽的恩情你不能忘掉！』人不能忘恩。」

說起來也神奇，認了這位乾媽，彭家小兒子的疾病難關似乎就一關關順利過關。到了五歲，也拿掉了腸造口，正常成長。「小時候還瘦巴巴的，沒想到現在竟然長得那麼高大。還可以背他爸爸上下四樓。」彭太太得意地說。許瓊心跟這家人一直有聯絡，「她每次帶孩子來回診，若是孩子不乖，她都會推著他的頭說『叫乾媽』！」後來彭太太到市場做殺雞的工作，許瓊心還記得「有一次拎了好大一隻雞到醫院，說要給我。」

三十幾年過去了，乾兒子工專畢業，工作穩定，四年前還買了房子準備結婚，「我說你要去請乾媽來坐大位。」果然婚禮那天，許瓊心跟彭先生一家人一起坐在彭家的主桌。

其實許瓊心認契囝的並不只這一個。「我還有一個早產兒乾女兒，有先天腦裂，智能有點受損，媽媽帶在身邊幫忙做事。我們一直有聯絡，後來她生了兩個兒子也都叫我乾媽。她先生鼻咽癌時，也是請我先生幫忙處理到榮總就醫的事情。乾女兒逢年過節都會打電話來叫乾媽，已經變成朋友了。」

這個乾女兒上小學時，送到特教班。特教班老師用非常有耐心的方式，一件事反覆一直教小朋友，讓媽媽深受感動，也跟孩子的乾媽分享她的領悟：「如果我之前是用這樣的方式來教我的女兒，她現在應該會更好。」

「她的話讓我知道，應該讓父母早點面對現實，早點去幫助孩子。我都跟那些爸媽說：『別人的孩子教十次、二十次能學會，你的孩子教兩百次，他也能學會啊！終點都是一樣的，他終究還是會了啊。你一定要有耐心幫忙他。」許瓊心領悟地說。

十月十日雙十假期，馬偕醫院休診，兒科病房裡也比平常少了點人氣。只見角落的小病床上，已經長得胖嘟嘟，個子比其他嬰兒都大的晴晴，正盯著許瓊心直看。

要攬、要惜、要抱

孩子雙腳大腿處打了石膏，戴著豬鼻子呼吸器。晴晴是二十六週就出生的雙胞胎之一，姊姊已經回家了。但是她有聽損，腦部有點不正常放電，一直有排便問題，肌肉張力也有問題。經歷過胎便完全阻塞腸道，而須開刀做腸造口去清除胎便，腸造口接回去後，沒想到又出現髖關節脫臼問題，需要打石膏矯正，已經在醫院住了半年多了。

只見許瓊心輕輕抓著小朋友的兩隻小手，一邊說著：「可愛在哪裡？」又將小手輕碰孩子的臉頰說：「可愛在這裡！」小晴晴頓時笑了起來。「可愛在哪裡？可愛在這裡！」的遊戲玩了一會兒，許瓊心打開一本彩色斑斕的嬰兒書，指著書頁上的圖案大聲說：「天空好藍好藍，太陽出來好大好大……。」讀完了書，她又抱著晴晴繼續唱了《小星星》、英文的《小白花》（*Edelweiss*）給她聽。就這樣，半個多小時過去了。

「小孩子就是要攬、要惜、要抱。」這是許瓊心照顧孩子時很深的信念，「父母的愛是孩子最好的藥。住院的孩子，爸爸媽媽沒有辦法常陪在身邊，我只要有空就會去抱抱他們。」

馬偕新生兒病房最美的風景之一——坐著抱早產兒許久、餵奶餵很久的許醫師。

同樣生了早產雙胞胎，其中一個小孩也歷經七次艱難手術與多次病危通知的吳太太就形容：「妹妹住院那十個月，猶如一道黑暗、看不到盡頭的隧道。**隧道中一道支撐我們的亮光，是看到假日都來查房的許瓊心醫師**。」他們看到這位「醫師媽媽」還會唱歌給孩子聽，抱抱他們，跟他們說話。那種愛，「讓我們生出一種信心，願意相信妹妹終究會好起來。」

「小孩子就是要攬、要惜、要抱。」許瓊心一再重複這句話：「我最心疼的是有些弱勢家庭，為了生計真的沒辦法，沒那麼多時間陪伴孩子；有的甚至因為使用毒品，爸爸媽媽都被抓去關了。阿嬤一個人照顧很辛苦，也沒辦法好好教。這些孩子需要的就是給他們機會啊！」平常面對狀況嚴峻的病患都十分鎮定的許瓊心，唯有講到弱勢、受苦又缺少機會的孩子，會紅了眼眶。

雖然醫師的任務是治病，但這些寶貝早產兒五年、十年之後的未來，也重重擱在許阿姨的心中。雖然不是每個孩子都領了「奶水米」，不過在她眼中，他們都像是她的乾兒子、女兒。「對病人好，有什麼不好⁉」doctor-patient bonding 那條牽掛的繩，在她和病人之間，綁得又長又緊。

第二部

二二八的長影子，在黑暗中看見愛的光

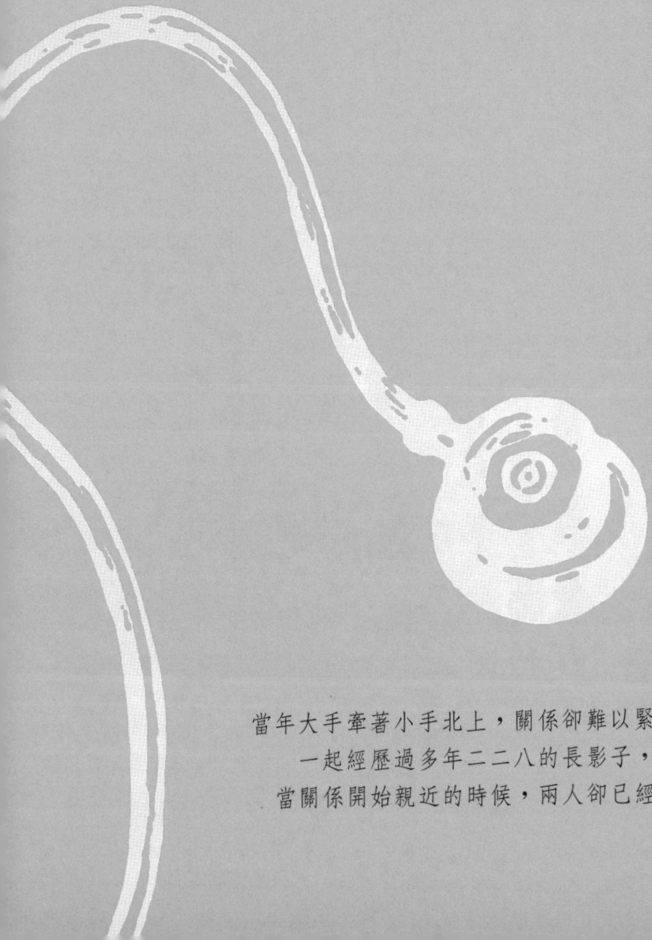

當年大手牽著小手北上，關係卻難以緊密牽繫的母女，
一起經歷過多年二二八的長影子，彼此相依。
當關係開始親近的時候，兩人卻已經分隔兩地……

第六章

我叫林瓊心！

人生的價值，並不是用時間，而是用深度去衡量的。

——列夫．托爾斯泰（俄國小說家、教育改革家）

「小學三年級以前，我叫林瓊心。」許瓊心用平淡的語氣說了這句話。淡淡的一句，背後卻是一個家庭、一個社會歷經驚濤駭浪的縮寫。

故事要從一座橋說起。

在馬偕工作四十年，家住天母，許瓊心每天來往必經的一條路，叫做中山北路。這一條林蔭道路許瓊心走了上萬回，串起她醫師生涯的日日夜夜。然而，許瓊心與中山北路命運的交會，早在她出生沒多久就開始了，地點就在跨越基隆河，連接中山北路三段與四段的中山橋。

一九五〇年十月，尚未有水泥叢林的台北市，已經進入秋涼的天氣。早晨八點左右，一位身材高大、濃眉大眼的年輕學者，踩著腳踏車緩緩地騎上中山橋。這座橋在二次大戰前稱為「明治橋」，戰後日本戰敗，撤出台灣，明治橋改名中山橋，是當年蔣中正由士林官邸驅車到總統府的必經之路。橋中間為車道，兩旁有寬敞的人行道，花崗岩砌成的欄杆，兩端各有一對青銅燈柱。

這位騎著腳踏車的年輕人名叫許燈炎，前兩年才從日本留學回台，任職於台灣大學醫學院熱帶醫學研究所士林分所。他新婚不久，女兒才一歲多，取名瓊心，太太肚子裡還懷了一個。

不知道那天他騎著腳踏車要上班時，心中正在想什麼？但濃濃的陰影應該籠罩在他內心，因為當時正是台灣風聲鶴唳的時候，而他當天才剛結束長達兩個月避風頭的日子！

一九四七年，發生了台灣政治史上最腥風血雨的二二八事件。過了三年仍然餘波盪漾，二二八善後「清理」的工作持續著，白色恐怖行動大量造冊、抓捕可疑分子、槍斃民眾。除了消除日本統治時期的影響力，也肅清當時心懷「大中國」的人，被抓的不只台灣人，也包括了許多外省人，被稱為地毯式「清鄉」。更因為一九五〇年六月，中國共產黨軍隊

「抗美援朝」，韓戰爆發，北韓到八月底已經長驅南下，占領了南韓大半領土。國民黨政府擔心共產黨會趁機攻打台灣，這一年「白色恐怖」的行動又抓緊了。

根據曾任《中國時報》駐美特派員傅建中的一篇文章，引述來自前總政戰部主任王昇的陳述，在一九四九年至一九五四年「白色恐怖」清肅異己行動，被捕的受難者高達三萬多人，其中一五％、約四千五百人遭判處死刑。「白色恐怖」最熾烈的時間是在一九五〇年前後，所以外界後來稱該段時期受難者為「五〇年代受難者」。

保密局的牢房

在日本東京醫科大學留學期間，許燈炎曾參加左傾的學生聚會，回台灣後仍持續參加類似的讀書會。清鄉抓人最厲害的八月，他研究室裡的同仁有兩位被捕，他當時剛好外出到親戚家，躲過一劫，之後兩個月都躲藏在當時的同事、台大熱帶醫學研究所細菌免疫血清系主任鄭翼宗的家裡。

那一天，他看狀況以為沒事了，留下一句「事情穩定下來，沒有問題」，就離開鄭家，打算回去上班。畢竟還有家庭要養，工作仍是必要的（參見鄭翼宗著《歷劫歸來話半生》）。

誰知就在這一天，在他騎上中山橋，也許心中正想著兩個月不見的太太與女兒的時候，幾個似乎早就等在那裡的保安人員將他攔下。他被帶上一輛車子，從此再也無法見到妻女，以及未曾謀面的兒子。

那輛車把許燈炎帶往總統府後面的一棟老舊鋼筋水泥日式洋房。那是當時國防部保密局所在，也就是國民黨最高情報機構的大本營。

根據陳英泰所寫〈白色的青春，黑色的記憶：一個與台大青年有關的二二八往事〉一文，對這個地方的描述：「一進大廳看到裡面隔著走廊排有兩列牢房，每一個牢房只有六個榻榻米大的面積。那裡日治時代屬台灣軍司令部軍法局的看守所，故關人的設備齊全。牢門裝有厚厚的木板門，開有四方形的能送東西的小洞。牢房裡面關的人像被密封在裡面，看不到走廊。

我一到就被關進密密麻麻關有十多個人的房間，房裡面多人站著，我進去連坐的地方都沒有。裡面的十幾個人擁擠在坐也坐不下的地方，勉強地豎著腳坐著。雖已是涼快的秋天，房裡卻是熱氣逼人。大家都穿著監方給的破爛不堪的藍色棉襖，個個沒有表情。」

陳英泰就在他短暫被關的牢房裡遇見了許燈炎。在陳英泰眼中，這個年輕人「個子高高、文質彬彬」，「沉默但臉上充滿了愁容」。可能那時候他心裡暗自期盼上蒼能給予機會，再見妻子，以及家中才剛學步的女兒一面。不過這個願望沒有實現。

陳英泰後來在綠島被關了二十年，直到解嚴才放出來。許燈炎則連被關的機會都沒有，當年國民黨的定罪文書是這麼說的：「許燈炎三十六年十一月間加入匪黨，並與另案被告朱石峰及已決犯謝湧鏡等組織士林支部……宣揚匪幫邪說，吸收叛徒。」判決：「死刑，褫奪公權終身，全部財產除酌留其家中生活費用外，沒收之。」他被關不久之後就被槍斃，死的時候才二十七歲，沒有公審、沒有探監，家人第一次接到通知，也是最後一次通知，「他們通知我媽媽去看他，去到那裡才知道是去收屍的。」

中山橋上那一輛被遺留下來的腳踏車，永遠失去主人。許燈炎的小家庭猶如一艘翻覆的船隻，妻子、兒女的命運從此巨變。

「『也不知道他在搞什麼，把我的人生搞得亂七八糟。』我媽媽對我爸爸的事情，每次說出的就是這句話。」許瓊心說。

她的母親林冠玉出生於恆春，父母雙方家庭在恆春都是望族，父親林新教醫師在日本統治時代是公醫。「他讀的是台大前身的醫學院，還比杜聰明博士早一期。有次到監獄出診時，不小心被割傷，竟然得了破傷風就過世了。」林冠玉當年在家鄉是個大美人，高鼻、深目，皮膚白皙，身材修長，有點像外國人。「我外祖父那邊的親戚很多五官都很深，聽說有荷蘭人的血統。」

不只長得漂亮，她也是當年台灣女性中拔尖的。台南長榮女中畢業後，就到日本留學，進了東京藥學專門學校（現為東京藥科大學），據說是那所大學第一位台灣女留學生。

林冠玉在異域與許燈炎相識、相戀。許燈炎來自台南善化的總鋪師家庭，是家中最會讀書的，成績優異，被東京醫大錄取，在鄉里是一件大事。當年總鋪師在台南是高收入的行業，所以有能力送兒子到東京留學。林冠玉從藥學專門學校畢業後，在二二八事件當年回到台灣，許燈炎隨後打算跟著心愛的人回台灣時，曾被同學警告：「現在國民黨到處抓人，你這時候回台灣很危險！」

當時肅殺之氣在台灣到處竄動，有政治敏銳度的人早就避之唯恐不及。但愛情的力量超越了恐懼，許燈炎還是回到台灣，在一九四八年與林冠玉結婚。

若不是造化弄人，照理會是一對令人欣羨的璧人建立的美好家庭；一位醫師、一位藥師，兩人還可能成為事業夥伴一起打拚。然而恐怖的政治破壞了一切，一夕之間林冠玉從天之嬌女變成了政治犯遺孀，有個年幼的女兒，肚子裡懷一個，還無法得到婆家諒解。

「我爸爸那邊的家人認為，我爸爸會被抓，是因為我媽媽想要他多賺一點錢，他才去做那些事。」

傷心的林冠玉，生下沒見過爸爸的遺腹子，將孩子交給了婆家撫養。才兩歲，懵懵懂懂、不知自己家庭已經翻覆的小瓊心，則帶回恆春交給大哥林榮冠，變成大哥的女兒，改名林瓊心。林冠玉孤身留在台北工作，即便丈夫死了，還是受到嚴密的監視。

多年後，林冠玉在某一次因為打電話到馬偕醫院找不到許瓊心，電話轉到了許瓊心的長官黃富源那裡，兩個人聊開了，她告訴黃富源：「那時候一直有人監視我，台大醫學院院長跟我說：『妳要再找一個人嫁了，不再是許燈炎的太太，才能脫離風險。』」

林冠玉後來真的改嫁，嫁給只有小學畢業的蘇介臣先生。「她那時下班、上班都有人跟。她說她很煩，就乾脆嫁掉，竟然這樣把自己嫁掉，實在……。」許瓊心感嘆，母親的人生的確完全走了樣。

山海里的野孩子

相對地，能在恆春成為「林瓊心」，對這位失去父親的小女孩來說，應該是幸福的。幼年時期離開母親身邊，究竟有沒有哭泣、不適應？她已然不復記憶。因為從有記憶以來，她的大舅就是爸爸、大舅媽就是媽媽，她還有一個哥哥，以及同齡的姊姊惠米。她記憶中的恆春童年，是她人生中一段開朗明亮的時光，尤其在恆春海邊生活的日子，更是她最開心的記憶。

小學一年級的時候，她跟媽媽（大舅媽），以及哥哥、姊姊惠米一起在恆春山海里生活了一年多。

山海里在恆春半島西岸，是一個沿著山海漁港建立的小漁村。山海漁港是由珊瑚礁地形蓋出來的，有許多美麗的礁石建築。這裡潮間帶生態豐富，水質清澈見底，為恆春地區最原始的漁港。

漁村人口稀少，電影《海角七號》拍攝時，以山海漁港為主要取景地，讓山海里紅了一陣子，現在又回復為安靜的小漁村。五〇年代，因為這裡是軍事管制嚴格的地區，加上漁村跟恆春鎮之間的聯繫僅靠一條蜿蜒狹小的海邊道路，出入不方便，所以當年更是人少的偏鄉。除了漁港周邊有人煙，其餘四周都是大片海風與落山風交錯吹襲的野地。然而這依山傍海，陽光熾烈，草綠海藍的小地方，卻是小孩子的天堂。

「舅媽是日本人，長得像美智子（日本天皇明仁的皇后），是基督徒。她肺結核復發時，我大舅在山海里的山邊幫她蓋了一間日式別墅，讓她在那裡養病。」許瓊心的記憶中，別墅前面還有個小涼亭，廣大的院子豎立著高大的鳳凰木，往前一點就是海邊，「海邊有很多咕咾石（珊瑚礁石）。水很清澈，我們常跳下去玩。那時候環境真是乾淨。舅媽帶著我們幾個小孩，也沒有佣人，我們還要撿木頭回來燒熱水，供應浴室洗澡用。洗澡的熱水都要自己燒。」

「我們的房子可以俯瞰山海漁港，早晨起床可以看到漁船進港，港邊鋪滿漁獲。我們吃魚吃蝦都很便宜，小時候還常吃龍蝦，都不覺得有什麼了不起，到了台北才發現好像很珍貴。」

才小學一年級的許瓊心，那時候是標準的野孩子，在依山傍海的山海里，自由自在地跟著哥哥姊姊到處跑。「我記得靠山荒廢的田園有很多野生蓮霧與芭樂，我們常會爬樹去採。我還會抓蚱蜢，串成一串，到廚房炒蚱蜢。也會摘野菜，有時候野草也亂吃，還好都沒有中毒。我常跟護理師說，我現在身體這麼好，是因為我小時候在恆春長大。那時候我們一群小鬼真的是黑白舞（台語，亂來）。大人也不會管。」

小孩子天不怕地不怕，甚至有一次他們不知從哪裡牽了一頭牛，嘻嘻哈哈輪流騎著牛，前往一個危險的目的地，「我們到一個蜂窩下面，站在牛背上，去摘蜂窩拿蜂巢，因為蜂巢可以烤來吃。」冒險行動顯然相當成功，因為許瓊心不記得自己有被蜜蜂叮。

雖然天不怕地不怕，但他們最怕的是颱風，狂風大作、巨浪就在不遠前翻騰，相當恐怖。而且颱風一來，山海里跟恆春鎮交通就會中斷，無法採買食物，「颱風沒東西吃。除了野老鼠沒吃以外，其他都吃。我們會摘野莧菜煮鹹稀飯，我後來很喜歡煮莧菜給女兒吃，因為這是小時候的味道。」即便颱風來，小朋友還是有小樂子。颱風過後，交通仍中斷，她們就到溪裡去撈蝦子。「那溪是很小的，腳踩下去很淺，只到小腿肚。」

那段時間她就讀山海國小，只有一個混齡班級，跟哥哥姊姊同班上課。山海國小旁邊就是一間派出所，「我記得警察抓到大錦蛇，殺了大家吃。我都跟護理師說，我吃遍山珍海味，只有老鼠沒吃過。雖然才在那裡住了一年多，但因為很快樂，所以印象很深。真的是一個很棒的地方。」

山海里的日子，提供許瓊心童年許多快樂的養分。多年後，有一次因為女兒需要完成野外採集的作業，許瓊心跟先生帶著女兒上陽明山，她的先生連江豐還記得，「我們在陽明山上走來走去，她隨手一指，就講出某個植物的名稱，讓我們很訝異。後來才想到，她小時候住在恆春鄉下，大自然根本就是她生活中的一部分。雖然她後來變成都市的小姐，但鄉下孩子的那部分其實種在她心裡很深，沒有消失。」

山海里的快樂時光，隨著大舅媽的身體狀況變壞而結束。林瓊心回到恆春鎮，住在林家家族共居的房子，也進入了恆春國小就讀。

古城清晨的叫賣聲

「我媽媽在他們家中排行老二，大舅之後就是她。除了三舅在台北，其他人都住在恆春福德路一棟二層樓的房子。對面是恆春大旅社，以前我外公診所也在恆春大旅社旁邊。」她的外祖母林張粉，年輕就守寡，但卻是大家口中很「勥跤」（台語，音讀為khiàng-kha，形容一個人精明能幹）的女性。「我外祖母娘家在恆春也是望族，她很能幹，恆春旅社就是她經營的。當時家族的大家長就是阿嬤，她管全家。」

「外婆皮膚很白，我媽媽也是皮膚很白。阿嬤很特立獨行，年輕守寡沒多久就改嫁，生了我三舅，在那個年代可能會招來閒言閒語，她也不怕。自己做生意，還管理家族的房地產。在我們眼中她就像慈禧太后，很威嚴。我們很少被她處罰，但有獎賞，一毛錢去吃杏仁茶或豆花，這些都是阿嬤給的。」

恆春古鎮的生活，最鮮明的記憶之一，正是這位阿嬤一項鐵的紀律，那就是林家小孩子的晨起「擦身」。

「我只記得小時候她規定：小孩子一大早起床，不管天氣有多冷，都要把衣服脫光，用乾毛巾把全身擦熱。她說對身體好，規定大家起床就要自己擦。我身體好，說不定跟這個也有關係。」一大早，幾個小不點一早就脫光衣服，打打鬧鬧地擦身子，成為一段特別的回憶。「我後來碰到有些小朋友早上起床容易打噴嚏，我也會對父母說，不妨試試早上起床用乾毛巾把全身擦熱。」

家族裡的小朋友都是外婆在管教，「我們被教導是有規矩的，小孩子也要掃地，要幫忙做家事。不分男女，每個小孩都要做家事。」

當時候林瓊心的「媽媽」（大舅媽）健康每況愈下，這或許是她恆春童年唯一不太開心的事情。「我舅媽個性很溫和，有時候會教我們唱一些日本歌，也會跟我們講一些日文單字，例如浴室，就像一般母親的慈愛。她生病我們也很傷心。」因為是肺結核，她還記得大舅媽在家隔離的那段日子，小孩子要幫忙灑漂白水在地上殺菌。

當時的林家坐落在恆春鎮中心，靠南門附近。恆春古城的南門，自古就是交通要道與商業繁榮的地區。許瓊心還記得清晨半睡半醒時，就會聽到外頭繁忙的叫賣聲，因為「住家附近有個檳榔市集」。根據恆春地方紀事，盛況時期的福德路，街上全都是賣檳榔的小攤販，號稱「恆春檳榔街」。那個年代恆春人很愛吃檳榔，許多人會到福德路的市集將整斤整斤的檳榔買回家，自己包石灰，不用檳榔西施幫忙。所以老一輩有許多恆春人都是一口黑牙。一大早檳榔市集那此起彼落的叫賣聲音，也是許瓊心永遠難以忘懷的。「我小時候也嚼過檳榔喔！」她笑說。

林瓊心在家族的一群小孩當中，是功課表現最好的。從小不太需要大人操心功課，舅媽會檢查孩子們的功課，她每次都老早兩三下把作業寫好了，考試成績在班上也名列前茅。「我是老師心目中的好學生，家庭環境也不錯，在恆春國小儼然是個小霸主。」個性算是文靜的林瓊心，在恆春國小唯一做的一次「壞事」，是跟別班男生打架，還用椅子摔人家。但究竟當時是為了什麼原因這麼暴烈，她卻不復記憶了。

在這快樂童年中，有一個身影偶爾會出現在林瓊心的生活中，那就是從台北回來的「姑姑」。小學生的她，不知道這是自己的親生媽媽，只覺得這個姑姑穿著打扮很漂亮，而且跟阿嬤長得很像，臉上笑容不多，「感覺也很威嚴。」

姑姑回來會送家中小朋友禮物。她記得禮物大部分是文具，很澎湃，一盒、一盒的鉛筆分給每個小孩子。「還會買一模一樣的毛衣或洋裝給我跟惠米。」許瓊心保存的老照片中，就有一張她跟惠米如同鏡像人物般，穿著一模一樣的洋裝，一模一樣的鞋子，都頂著一頭捲曲的短髮，牽著手、貼著膀子，略帶緊張地看著鏡頭微笑。她印象中，這好像正是穿了姑姑送的衣鞋，特地到照相館拍了紀念照。

然而，姑姑就像偶爾過境的候鳥，短暫停留就又離開恆春。「那時候來看我的次數也沒有很多，當年從台北到恆春交通不方便吧⁉」姑姑回去了，小孩子開心領完禮物，也立刻把這個有點陌生的人拋諸腦後。

直到林瓊心小學三年級，溫柔的大舅媽不敵肺癆的攻擊，撒手人寰。家中瀰漫著悲傷的氣氛，但剛失去「媽媽」的她，並不知道自己的人生又將再一次巨變。

第七章

二二八事件——母親與女兒

愛是不會老的，它留著的是永恆的火焰與不滅的光輝，世界的存在，就以它為養料。

——埃米爾・左拉（Émile François Zola，法國大文豪）

「那一天，她帶我去買了一雙黑皮鞋，還買了雙紅襪子！紅配黑，我到現在都忘不了。」許瓊心人生的再一次轉折，就從記憶中這兩個反差極大的顏色展開。

小學三年級那一年，大舅媽過世，過去那位許久才出現在恆春一次的姑姑，治喪期間就回來兩次。林家的大人沒有告訴瓊心即將發生什麼事情，「也沒有人正式來告訴我這是妳媽媽。但小孩子也有直覺，我似乎知道她跟我的關係不同。」

家人不講，知情的左鄰右舍卻忍不住透露了風聲，「隔壁有個阿瘦阿嬤，有天就偷偷告訴我：『那個是妳的媽媽！』」

紅襪子與黑皮鞋

「姑姑」回恆春的第三次，就牽著許瓊心，帶著簡單的行李，走出了福德街老房子。「林瓊心」這個身分被留在恆春，無憂的童年也跟著結束，另一個陌生的家庭正等著她。

從恆春先坐公路局車子到高雄，再換對號火車北上。但到高雄的第一站不是火車站，而是高雄大新百貨（二〇一〇年歇業）。「小時候沒有皮鞋，上學都是穿中國強，也常打赤腳。我媽媽帶我去大新百貨。大新好像是台灣第一個有電扶梯的百貨公司。」到了嶄新先進的百貨公司，小朋友的眼睛必然是睜得大大的，但那時候還看到什麼新奇有趣的事物，許瓊心已然忘懷。記憶中鮮明留下的，就是「我媽媽幫我買了一雙黑皮鞋，還買了雙紅色的襪子。」

新鞋新襪並沒有立刻上腳，「我那時候還穿著布鞋，但到現在都還記得手上拎著新皮鞋的感覺。牽著媽媽的手，心裡也是有點高興，因為第一次跟自己的媽媽（單獨相處），那種感覺好像回到真正媽媽的旁邊。」只不過，「我雖然知道她是媽媽，但一直叫她阿姑，沒有改口。」

買了生平第一雙皮鞋，母女兩人坐著三輪車，經過當年高雄火車站前兩排高大的椰子樹，搭了火車上台北。一九六一年是台灣鐵道速度革命的重要年代，當時台鐵從日本引進了「飛快車號」，從高雄到台北只要五個半小時，許瓊心跟著媽媽搭上的車，有可能是那個時代最先進的對號快。上了火車，換上紅襪黑皮鞋，車掌小姐來倒茶的景象，許瓊心依稀記得。

中午前上了火車，傍晚抵達台北。台北老火車站前有個大大的噴水池，那時沒有計程車，而是許多三輪車在站前排班。長年在恆春的許瓊心，皮膚晒得黝黑，被皮膚白皙的母親牽著走出火車站。空氣味道少了海風的鹹味，換上的是繁忙都會的雜沓人氣。

她媽媽招了招手，叫來一輛三輪車。車夫呼嚕呼嚕地踩著，車子行過中山北路一段，去到了五條通附近，停在一個有大院落、大圍牆的住家門口。推開門，院子裡有棵大樹，後來知道那是橡樹，坐落其間是一棟大日式平房。怯生生的許瓊心走了進去，第一次見到繼父。

「這是妳姑丈。」女兒叫自己姑姑，媽媽對這位繼父的介紹，也順著變成姑丈。「他五官很好看，英俊又有威嚴，還有點中年發福。我那時候呆呆的，也就只會叫一聲姑丈。」這一聲姑丈，就跟姑姑一樣，多年都改不過來。

「怎麼來了一個小黑炭⁉」當場還有一位許瓊心第一次見面的少女笑笑地說著，那是繼父的女兒蘇文英。

住進新家，林瓊心改名許瓊心，沒有跟著姓蘇。即便年紀還小，她也很快發現自己在這個新家只是個不得不然的存在，而非受歡迎的小女兒，從姑丈身上不曾感受到父親的溫暖。「我繼父很冷淡，他沒有讓我覺得是家裡的一員，也沒有讓我感覺自己得到了一位新爸爸。他從來不會特別關注我，很少跟我講話。初中之前，我是個很不起眼的小孩，長得也不漂亮，也沒什麼特殊之處，繼父覺得我笨笨的，所以也沒把我看在眼裡。」

繼父蘇介臣雖然才小學畢業，但不是個簡單人物。「他好像是花蓮出身的，小時候被嘉義人領養，後來自己到台北打拚，還創業做生意，甚至生意還發展到上海。我也不知道他是做什麼生意，但似乎做得很不錯。賺了錢，買房也買土地，那時候還是津津蘆筍汁那家公司的董事。」

中山北路右側的五條通、六條通、七條通……，都屬於日本統治時期的大正町轉變而來的「條通區」。後來雖然因為燈紅酒綠而出名，事實上最初是日本高級官員的住宅區，坐落其間有許多日式房舍、大院落。日本人離開後，能夠入主這些屋舍，靠的不只是錢，還需要有人脈關係，顯見蘇介臣是頗有辦法的人物。

新家庭雖無法給予這個恆春北上的小女孩情感，但許瓊心的物質生活，的確因為這位繼父而比許多人更好。「繼父經濟環境很好，除了有自用三輪車，還有司機和兩個傭人。除了主屋，還有另一間屋子讓幫傭與司機住。我們後來搬到長安東路二段六十五號，靠近松江路三層樓的透天，我繼父又買了賓士汽車。那個年代有賓士又有司機，算是很有錢的。」

那時候，「人家只吃菜市場的零食，我吃的是外國進口的 cookie（西餅），還記得餅乾鐵盒是藍色的。繼父應該常跑香港，我們小時候穿的內衣，也是香港買回來的，是非常高檔的喀什米爾羊毛。在這方面他不會吝嗇，回來大家都有，他都沒有少我一份。上學，我還有司機接送。」

「雖然沒有感情，但我還是很感謝繼父給我不愁吃穿的生活。總是一個家啦，不然我那年紀的小鬼能去哪裡!?」豐富的物質、冷淡的情感，不只出現在她跟繼父的關係上。「我跟媽媽也缺少親情的溝通，感情總是跟別人正常家庭不一樣。我覺得這是因為小時候十年沒有住在一起，我跟她的親情是中斷的。」

許瓊心稱媽媽為姑姑，叫了二十幾年。她先生連江豐說：「一直到我認識她，她都還叫媽媽做阿姑。她開始叫媽媽，其實是我們結婚後，我叫媽媽，她也就改口。不然她要改口很難。」這對母與女的親情距離，也一直有點像姑姑跟姪女，少了母親的愛憐、少了女兒的撒嬌，甚至少了母女之間的嘮叨、頂嘴、耍賴。

「我媽媽從不跟我講她心裡的事。我從媽媽身上的學習，主要是身教，不是言教，因為她很少跟我說什麼，更不用說講貼心話了。她特別對我說的話，現在想起來真是寥寥可數。」在許瓊心的記憶中，小時候媽媽不曾帶她去逛街、買東西，「是到我長大後她才會跟我上街。」

在這個家中，跟她比較好的，反而是家裡幫傭的兩位阿桑（台語，對年長者的一種尊稱）與司機。這種關係讓她看待人不會有高、下身分的視角，「我對於窮苦的人很有認同感，因為我都跟傭人混在一起。」

或許因為前夫的女兒中途來到第二任丈夫的家中，並不是一個受歡迎的存在，沒有成為大小姐的條件，許瓊心的母親對待女兒的方式，可以說相當嚴格，甚至有點嚴厲。

「傭人不在，是我要做家事。」許瓊心說。傭人是繼父被領養的嘉義家族鄉下的親戚，所以每到寒暑假都會讓她們放假回鄉。這段時間，許瓊心就取代她們的位置，負責家中家事與雜務。

「初中住在長安東路，我要負責掃地，三層樓掃起來滿誇張的，還要洗窗子。」掃完地還要幫地板打蠟，那時候打蠟機器又大又重，許瓊心拖著機器在一樓打完蠟，小小個子還得費力搬上二樓、三樓，全屋打完蠟都已經滿頭大汗。不只如此，「也要洗衣服，雖然有洗衣機，但有些衣服還是要手洗。在那時候，內衣是要燙的，這也是由我來燙，所以我長大到結婚，內衣我自己都會燙過。床單也要漿過、燙過，買菜洗菜煮飯也歸我。我母親是完美主義，衣服洗不乾淨會丟回來說：『不乾淨，要重洗；沒有燙平，重燙！』魚沒煎好，媽媽會說：『這怎麼吃！』」

「我繼父也是龜毛的，魚買回來，新鮮活跳跳的要趕快煮，若是放到隔天再煮，會被他念。我都從長安東路走小巷子去八德路那邊的建國市場買菜。有一次去買菜的路上，被騎摩托車的人搶了錢包，回來還被我媽媽罵笨蛋。」

許瓊心安分、認命地接受媽媽的要求。過了這麼多年，她回想起來沒有怨懟，而是滿懷感恩。「很感謝她，因為她這麼嚴格，我很會做家事。有時候病房有點亂，我還會去打掃，我喜歡做而且很擅長。如果有壓力，我也會用做家事來舒緩。」

因為母親的高標準，讓許瓊心養成了不怕動手做，而且要做就要做得很到位的習慣。有一次護理師抱怨病房中的烘碗機有奇怪的味道，擦過了也沒有改善，許瓊心竟然跳出來把烘碗機給拆了！「我用舊的牙刷將每個角落刷得很乾淨，就沒有味道了。我要做家事的話，都會做得很徹底。」

上了台北，唯一的親人就只有媽媽，即使不夠親密、即便嚴格，仍然是小女孩最重要的依靠。當時許瓊心最大的陰影，就是她跟媽媽一起生活的這個家並不風平浪靜，媽媽跟繼父感情不好，常常吵架。

「繼父是有錢人，所以有時候也會在外面花天酒地。我媽媽是他的第三個太太。媽媽那時候在長安西路市政府裡面做藥品檢驗，我繼父好像是同事介紹他們認識的。我其實不清楚媽媽內心深處對這些事情怎麼想，她只是有時候會埋怨，跟我繼父沒辦法溝通，談也談不起來，完全是不一樣的價值觀。」

「她常跟繼父吵架。一吵架就會說要離婚、要離家。我都會很擔心，怕她不見了！」生命中所剩的唯一依靠若是不見了，怎麼辦？小女孩深深的恐懼，讓她擔心到睡不著覺，「他們一吵架，我晚上會去偷開她房間的門，看她還在不在。」

孤單的小孩

「他們不時吵架，讓我很沒有安全感。我住在那個家裡無所適從，覺得自己不知道要做什麼，覺得自己不好，對自己沒有信心。」

成長過程中這段充滿陰影的經驗，也讓許瓊心深刻了解，對孩子來說，**親情與安全感**

比醫藥更重要。「所以我覺得，父母不和，對孩子有很大的影響。少了父母的愛惜，對孩子的心靈傷害很大。」行醫之後，她想方設法、拚了老命去醫治每個孩子，最大的心願就是要讓他們回家享受親情溫暖的照顧。「早產小孩一定要回家，有父母的擁抱，才會長大、才會健康。我常跟小朋友的父母說，小孩子回家一定要抱，這是parent-child bonding，親情的建立會讓孩子變得有自信。」

因為沒有自信，所以許瓊心在台北時期從小學到高中，一路都是安靜、退縮，默默羨慕著同學的家庭。

「剛到台北正好是三年級，剛轉學到長安國小，還有點適應不良。九九乘法背不好，台北的步調比較快，我的學習有點跟不上。讀了一學期，四年級時我換到媽媽眼中的明星國小——西門國小。那個年代，我在西門國小覺得自己是個很不起眼的孩子。我記得自己還拿東西去巴結一個小學同學，因為她長得很漂亮，還學了芭蕾舞，跟家人之間的關係很緊密，會邀請我去她家。我很羨慕她。」

許瓊心小學畢業那年是「省辦高中，縣市辦初中」政策的開始，女子初中第一志願是金華，萬華是第二志願。她考到萬華女中（現為華江高中），注重教育的母親認為萬華學習環境不夠好，叫她去考私立初中。「那年剛好有私立聖心女中與衛理女中招生，我去考，兩個都考上。我媽媽說『妳自己決定』，我用丟銅板來選，這一面是聖心，翻過來是衛理，後來我就去讀聖心。」

在聖心女中，她又看到一個讓她欣羨的家庭。「聖心女中我有個同學叫葛元慧，她是高凌風（本名葛元誠）的姊姊。她媽媽是越南人，爸爸是軍官，那時越南跟台灣還有邦交，她媽媽是大使館的人。他們住在眷村，我去她家，看到媽媽跟女兒關係好像姊妹，雖然他們住軍眷區，家裡環境只是普通，但就是很開心。那種氣氛讓我好喜歡，不像我回家，家裡的感覺就是很悶，所以我到她家都不太想回家。」

因為太喜歡待在葛元慧家裡，捨不得離開，有幾次「玩得晚一點，超過七點多、八點回家就挨我媽打。那時候剛開始有電視，電視晚間新聞播完，若我還沒回到家就得挨鞭子。」

雖然沒有自信，許瓊心考試倒是考得不錯，初中畢業考上了北一女，但孤單的狀況依舊。「我讀北一女的時候很安靜，社交也不好，北一女同學之間比較競爭，班上會有小圈圈，我卻不屬於任何一個小圈圈。加上沒自信，所以更不會跟人家成群結隊。同學找老師補習我都不知道。」不久前，北一女的班級召開同學會，許瓊心難得去參加，同學聊到當年，對她的評語是：「妳好像都隱形了！」

「我在台北時期可以說是個孤單的小孩。反正我媽媽說要讀哪一間，三輪車夫載我去哪裡，我就去哪裡上學。」

沒有說出口的母愛

許瓊心的母親雖然嚴厲，卻也是默默地用著自己的方式來愛這個女兒，教育正是她最大著力之處。無論是讓許瓊心轉到明星小學、初中要她讀私校，著眼點都在選擇好的學習環境。上了北一女，媽媽還找了家教來幫她補習，甚至一些小功課，例如：「勞作課要縫什麼東西或者做十字繡，都是她教我的。」

許瓊心一路從小學到大學的學費，都是由母親獨力賺取，完全不依賴第二任丈夫或親友。「她很要強，她說：『妳讀書，我從來沒跟妳姑丈拿錢。』」

她繼父望子女成龍鳳，自己的孩子讀的都是外語學校，姊姊後來還去英國念書，但許瓊心讀書靠媽媽，所以上的就是本地學校。「我媽媽跟繼父生的兒子讀美國學校，我沒有讀美國學校是因為太貴了。所以我跟我弟弟是兩個系統，完全由媽媽安排。」

「我讀醫學院的時候，舅舅還問我媽媽：『妳還有錢給她念醫學院嗎？以後開診所還要花錢。』」許瓊心還記得當時母親的表情，就是繃著臉、不說話，久久才回答舅舅一句：『我有跟會。』」

「她就是不服氣，她認為自己就是可以不靠別人把女兒養大、送去讀醫學院。其實我的個性跟她有點像。」這位要強的母親，經歷許多坎坷、不順，並沒有陷於自憐，活力依然無窮，也不畏懼走自己的路。在那個多數婦女還是在家相夫教子的年代，她一直就是個職業婦女。

日本留學回來，從藥品檢驗師一路做到台灣省政府衛生處的技師職位，已經是個小官。先生被抓，她也沒畏縮，照常去上班。後來改嫁，開始跟蘇先生一起做生意，過了幾年，甚至自己開公司，變成商場女強人。

「媽媽是很有頭腦的。雖然具有藥劑師的身分，但她勇於嘗試不同的行業，自己做起貿易生意。進口的東西都是當年台灣還沒有的貨品，都是她去發掘出來，自己去爭取代理權的。她拿到一個日本公司的銷售代理，進口『愛克發』（AGFA）牌的X光片、相機底片，還有進口文具。」

「我媽媽對自己要求很高。在公司有她管理的一套，很愛看書。她日文很好，英文也沒問題，寫字很漂亮，常會嫌我寫字寫得很醜，嫌我簡單的英文讀半天也讀不好。一直到年紀很大，在她過世之前，都會閱讀英文的健康雜誌，還會寄一些有的沒的保健食品給我。她很有求知欲，很有學習的精神，不怕創新。」

「而且她交遊應該滿廣闊的，還投資拍電影。」許瓊心的母親頗有眼光地花錢支持一位當時剛出道的導演，拍第一部電影。這位導演就是後來很有名的林福地（台灣國寶級導演），他的第一部作品是《李世民遊地府》。「我跟我媽在這部分（賺錢投資）很不一樣，我很保守。」

許瓊心印象中，每次這位女強人媽媽出門都是有模有樣。「一定是洋裝、項鍊、包包都搭配得很好。她很看不慣我的穿著。媽媽覺得我不夠漂亮，考上大學後，她要我去割雙眼皮。我說：『這樣自然不是很好嗎？』她說：『嫁不出去妳自己負責！』」這一段對話，是她與母親早年中最像一般母女鬥嘴的畫面了。

對於女性要擁有自我的一片天地，許瓊心的母親非常重視，而她的期望也直接造成許瓊心走上學醫的道路。

「女孩子就是要讀醫啊！」在成長過程中，她的母親少見會跟她明明白白說出內心話的，就是期望許瓊心未來成為女醫師。

當年女醫師是稀有動物，但身為理科女強人的媽媽卻認為，女兒讀醫理所當然。「她自己是藥劑師，還有女性朋友是牙醫，收入也很好，我舅公的太太則是眼科醫師。所以她覺得女孩子當醫生好，可以靠自己生活得很不錯。」

許瓊心回想自己讀高中時，「我其實不是很愛讀書，尤其討厭背書，所以沒辦法背詩詞。地理歷史更糟，地理還補考。有人用公民拿分數，我根本不可能，那是我最差的科目。英文、數學、生物就比較好。但物理我一直搞不定，讀得很辛苦。所以在北一女，我的成績是班上的後半。」她其實很喜歡文學，當年讀遍了英美的經典文學作品，甚至像俄國文豪杜斯妥也夫斯基的最後一部長篇巨著，像磚頭般的《卡拉馬助夫兄弟們》（*The Brothers Karamazov*）也從頭讀到尾。

媽媽叫她考醫學院，她一點都沒有把握考得上。即便如此，對於媽媽的要求，許瓊心沒有質疑，全盤接受。「我神經很大條，媽媽要我做什麼，我就做什麼。」選了理組，她壓力不小，有時候偷偷讀小說，就是她的舒壓方式。

「她的外公林新教一直希望小孩有人念醫科，但都沒有成功。許瓊心是他們家族後代第一個，念醫科可說是媽媽強迫，她沒有選擇的機會。」許瓊心的先生連江豐指出。

就這樣，似乎傻傻的，她卻也順利考上醫學院。「我們班一百多個人，我考進去的分數是第九十二名，學號九十二，吊車尾！所以我先生說，進高醫是上帝送我進去的。」

或許當年只是聽話的不得不然，但多年後，許瓊心成為新生兒科界的傳奇女醫師，對醫學生涯充滿熱情，也不得不歸功她母親的遠見與堅持己見。

被註記的人生

住在蘇家的許瓊心，一直到高中都覺得跟「許家」的關係就只有自己的姓。直到她初中三年級的時候，一個意外的驚喜（驚訝）來到。

那時候，為了準備考高中，她去南陽街的補習班補習。有一天走在南陽街附近，突然聽到背後有人叫著：「瓊心！瓊心！」她很訝異，因為在家裡並沒有人這麼叫她。她母親都叫她「妹妹」，而認識的人或家中幫傭也都是這麼叫她。

一轉頭，看到一位三十出頭的女子正對她招手，「我是妳表姑。」她對許瓊心這麼說。表姑顯然刻意打聽過，不僅知道她在台北，知道她的長相，還知道她什麼時候會到南陽街，可以不經過許瓊心的母親而與她相認。她這才感受到，自己是有其他許家親戚的。

然而，「第一次跟同父弟弟見面已經是大學了。大學暑假時，我回去過善化兩、三次。記得大伯開藥局，是個沒牌的藥師；二伯在日本定居；三伯在虎尾當公務員；我爸爸則是老四。對於阿嬤、阿公的印象就是年紀很大了，很長壽，我大學畢業他們才相繼過世。大學一年級第一次跟弟弟見面，那時候他才高二，長得很高大，五官很深，跟我爸爸很像。」雖然見了面，姊弟兩人並沒有什麼話講。分隔這麼多年，從來沒有一起生活，甚至不曾意識到對方的存在，即便同為許燈炎的子女，卻如陌生人一般。

「我從姑姑那邊知道，他好像覺得媽媽丟下他，心裡有怨，所以變得叛逆。他的小名叫『ㄍㄟ魯』（台語，多找麻煩的），因為不喜歡讀書，會惹麻煩讓阿伯跑警察局。」她跟弟弟相認經過多年，即便各自成家立業，依然無法建立普通姊弟該有的親情。

「手足之情其實也要從小培養起，這是個時代的悲劇。我也從跟弟弟的關係中感受到，小孩子在不一樣的環境成長，的確會影響到他們後來的成就、人生。大伯自己已經有四個小孩要顧，對弟弟無法很認真栽培，他只讀到高中。」許瓊心的弟弟後來考上水電工執照，「我記得還鼓勵他要認真做。」這已經算是兩個手足間比較感性的談話了。

「我跟手足的關係不親，反而是馬偕的醫護團隊人員跟我還比較親。這種親情的斷鍊，讓我感觸很深。」

從林瓊心到許瓊心，與母親在台北生活的歲月，即便孤獨、寂寞，照理說應該還是平穩的。然而，卻有一種黑暗時不時會落在她們的生活中，使她們心靈長期有著被禁錮的恐懼。這是一道來自二二八開啟的長陰影，黑暗的影子跟著她們身為「叛亂匪黨」的妻子及女兒的身分不放；這黑暗的影子從不曾因為母親改嫁，或她只是個不經世事的小女孩，而有所淡化。

無論是住在五條通區的院落宅邸，或是搬到長安東路的樓房；無論她母親是上班族或變成生意人，每個月總有某個日子，住家門外會響起電鈴聲。開了門，是附近分局的警員，這些家人口中的「管區」，總是帶著虛假的笑容，走進家中，眼睛到處轉；有時候又直盯著許瓊心的母親，「問候」她：「你們最近過得好嗎？……。」

「我還記得分局的一位警官常來家裡。小時候他們上門，我不懂得怕，但我媽媽會怕。她最怕管區藉著查戶口，進來問東問西。」

也許是造化弄人，許瓊心的母親原本為了甩掉政治犯眷屬的身分而改嫁，沒想到結婚才過幾年，第二任丈夫竟然也被抓去關。

那個年代的威權統治，抓人不需要理由，或者說，可以找到很多理由。「我繼父因為曾經在大陸做生意，結果被安了一個『資匪』的名義，被抓去關了六個月，回來皮膚都壞掉了。我媽媽說，她想都沒想到第二任丈夫又被抓去關。」

「我們就是被註記的。那個年代我家等於有兩個特殊分子，所以一直被緊盯著。」這種監控讓他們生活得小心翼翼，沒想到，有一次許瓊心竟然惹禍了。那一天，管區警察照例又晃進她的家門，「問候」之間，警員的眼光飄向客廳的茶几，因為小茶几透明的玻璃底下，放了一本小書，書名看得清清楚楚：《魯迅傳》。

「那是我在舊書攤買的，是禁書，但我當時搞不清楚那是被禁的。」當下許瓊心的媽媽應該嚇到心臟快停了，但她反應很快，立刻偷偷塞了紅包給警察。還在狀況外的許瓊心，事後「被我媽媽罵得要死。」

幾年後，許瓊心負笈到高雄念大學，她仍然沒被「忘記」。開學第一天，在高雄醫學院的階梯大教室，全班坐得滿滿的，就有校方人員陪著教官站在高處指出她：「那個就是許瓊心！」醫學院那幾年雖然打擾不多，但盯著她的眼光一直都在。

後來，當她正式進入馬偕醫院任職，有位中山分局的警官會定期來問候，「他說知道我被馬偕錄取，問我：『妳現在過得好嗎？』到了住院醫師第三年，我已經當總醫師，那時候也結婚了，那位警官還來醫院問東問西，還打聽我先生。」

那一次許瓊心真的火大了，加上當醫師的她對自己已經相當有自信，就把監視者的問候轟回去。「我先生已經在榮總了，你們還要怎樣⁉」

連江豐解釋：「因為台北榮總算是黨軍政的藍色彩醫院，當年我上班時，整個醫院都是軍人，院長、副院長，許多主任都是身兼軍人的身分。所以我在台北榮總也有好處，從此以後（也因為解嚴）就沒有人來拜訪她了。或許她之前是覺得自己沒有對抗的本錢，直到我到了榮總工作，她才敢嗆聲。她只是沉默、壓抑，並不是沒有感覺。」

對於曾經歷的政治陰影，許瓊心至今說起來，口氣都還是輕描淡寫，當時沉重的壓迫，彷彿只是幾片羽毛從頭上飄下。但這段過去對她的影響，她的先生有更清楚的觀察：「二二八對她的影響，第一個就是她非常沉默，第二個就是對這個社會的忍耐力很強，要求很低；對於很辛苦、很困難的工作忍耐力很高，而福利、薪水的要求很低。」

分隔兩地的母女

或許，光陰的確是消除傷痛、改變關係最好的力量。身為政治犯許燈炎的妻子與女兒的註記，直到解嚴後正式消失。當年大手牽著小手北上，關係卻難以緊密牽繫的母女，一起經歷過多年二二八的長影子，彼此相依，當關係開始親近的時候，兩人已經分隔兩地。

「我結婚後，跟媽媽的關係變得比較親近。應該說是我媽媽變得會對我撒嬌。我比較不會撒嬌，但她逢年過節就會跟我撒嬌，主動說：『妹妹，過年了，妳要給我紅包。』也會打電話到醫院找我。因為從小比較疏離，我其實有點不習慣，但她就是會主動去建立這些連結。」

那時候她母親已經跟隨弟弟移民美國。許瓊心在醫院很忙碌，三更半夜還沒回家，母親打電話到家裡找不到人，國際電話打到醫院也常找不到她。一次、兩次、多打了幾次後，就跟馬偕的總機小姐熱絡起來。

「有一次總機小姐就跟我說：『許醫師，妳阿母在找妳。妳阿母跟我投訴，說她都找不到妳，不知道妳在忙什麼。』但是她很高興我在新生兒領域投入這麼深，她也覺得我應該更努力，讓自己更傑出。」

「我在某種程度上也是完成她的夢想，本來她應該在醫療領域也有一番作為，或者至少也是位醫生娘。但造化弄人，所以我當醫師，她很開心。」許瓊心說著與母親的故事，表情永遠淡淡的、不顯心境波瀾。

第八章

一輩子
最好的朋友

婚姻之愛創造人類，友誼之愛使其完美，
但不負責的愛腐蝕並使人類墮落。
——法蘭西斯・培根（Francis Bacon，英國哲學家、科學家）

「誰是妳最好的朋友？」

「我最好的朋友就是我先生，」許瓊心說：「沒有第二個答案。」

「他從來沒把我當作一般的太太，他覺得我是很棒的醫生，要去救助病人的。」

若要找台灣醫界的神鵰俠侶，許瓊心與榮總前副院長連江豐醫師應該當之無愧。許瓊心投身新生兒重症醫療數十年，沒日沒夜、全年無休，但若沒有連江豐醫師在她背後力挺，生兒科大展拳腳。

欣賞、支持、做許瓊心生活上全方位的後盾，讓她得以心無旁鶩，許瓊心不可能一路在新

無形的紅繩

「馬偕醫院應該要頒一塊匾額給她先生，沒有連醫師就不會有許阿姨的故事。」馬偕前副院長黃富源醫師說。

從大學一年級成為同班同學，至今四十多年（一九六七年迄今），許瓊心和連江豐註定就是要形影不離；特別的是，他們在認識之前就見過面了。

連江豐說：「大一時她跟我說：『我以前在台北就看過你。你以前常騎著一輛腳踏車，到重慶南路買參考書。』她讀北一女，家在長安東路二段，回家要到重慶南路搭公車。我那時候因為不補習，一天到晚去重慶南路買參考書。」騎車從眼前飄過的陌生人臉孔，竟然存留在許瓊心的腦海，而這個人後來竟成為同學、老公。只能說，真的有條無形的紅繩緊緊繫住兩人。不過，將他們兩人湊在一起的第一道橋，是英文課。

「以前高醫課程有個很特別的地方，就是英語課一週排了八個小時，有四個老師。其中一堂是會話課，是個愛爾蘭老師 Ms. Sutherland 上課。」連江豐回憶，會話課按照能力

分班。建中畢業的連江豐，跟一群北部同學分在一組，而那位在開學第一天就引起他注意，穿著典雅洋裝，安安靜靜但微笑起來眼睛彎彎的許瓊心，也在同一組裡面。

他還記得，當時「除了會話，老師也會教我們禮儀，還有教唱英文歌。我跟許瓊心有一些共同的歌，第一首就是 *When Irish eyes are smiling*（《當愛爾蘭的明眸微笑時》）。」

就像這首老歌當中的一段歌詞「For your smile is a part of the love in your heart, And it makes even sunshine more bright.」（妳的微笑流露心中愛憐，讓陽光更加燦爛），這位女同學很快就如清晨柔和的陽光，吸引了連江豐。

「她的風格跟其他北一女畢業的同學有著天壤之別。通常北一女畢業的鋒頭都滿健的，不過她大多時間是沒有聲音。但有一次去烏山頭郊遊，我們走入當時的山路，四周都還是滿原始的大自然，她表現出非常快樂的樣子，跟平常不太一樣。路途中，她突然從地上撿起一片葉子，仔細地看著，她覺得很漂亮，就開心地欣賞，那樣子非常吸引我。」

互補的兩個人

在那個談戀愛仍很「典雅含蓄」的年代，起心動念想追求許瓊心的連江豐，送出的第一個心意，是他去高雄旗津玩時，在海邊撿的貝殼。「我趁上課的時候偷偷遞給她，她也惦惦（台語，默不作聲）收下。」

許瓊心喜歡聽音樂、看書，大學時特別喜歡《未央歌》，連江豐則有點閱讀障礙，看大部頭、滿滿文字的書非常慢，能夠跟心儀女生聊的「只有內容短短的《茵夢湖》（*Immensee*）與《老人與海》（*The Old Man and the Sea*）。」不過，還好他在音樂上面成功接招，「她知道我也喜歡聽音樂，有一次還考我說：『有個音樂叫《在中亞細亞草原上》你知不知道？裡面有駱駝隊的鈴聲。』」連江豐正確回答出這首交響詩是製作《伊果王子》（*Prince Igor*）的鮑羅定所作。

不過，那時候他們班上還有另一個男生也在追許瓊心，讓連江豐遲遲無法有進展。沒想到，一次原本會是最尷尬的約會，竟然成了關鍵突破點。「那時很難約她，因為另一個同學盯著。結果有一次變成三個人一起約會，要去大貝湖（澄清湖舊名）。那是一個星期天的早上，不料那個人竟然沒出現，正式退出！」連江豐記得當天還下著大雨，兩個人走在大貝湖邊幾乎都在淋雨，但他心裡開心得很。

他們正式以男女朋友的關係約會，則是在當年暑假，約了要去台北圓山動物園（台北市立動物園前身）。「那時候約在台北火車站見面。她出現的時候，是坐了一輛嶄新的賓士二八〇來，還有司機幫她開車。」從「啵亮」賓士車款款下車的許瓊心，一臉稀鬆平常，但「我嚇死了。想說她是什麼人？後來才知道她們家本來就有車、有司機，以前上學也都是司機接送的。」

這兩人很快成為班對，也是高雄醫學院當年有名的校對。總是看到斯文的連江豐騎著腳踏車載著許瓊心，悠哉地往來校園之中。當年的戀愛細節，連江豐都可以「還原現場」娓娓道來。許瓊心則只是略帶害羞、甜蜜地吐槽說：「他是我唯一的戀愛經驗。我都說這樣不好玩！」

許瓊心跟連江豐長得很像，「在高雄醫學院時，我們去吃陽春麵，賣麵的老闆娘以為我是姊姊、他是弟弟。我就想，原來緣分是這樣來的。」

但兩個人的特質卻又十分互補。

「我大學時候呆呆的，就是認真讀書，人家叫我讀什麼，我就讀什麼。」相反地，「他頭腦很好，不太花很多時間讀書，上課又愛打瞌睡，但就是有辦法自己讀讀筆記、看書，考試的時候就能講得頭頭是道。我們那時候內科的教科書作者是 Harrison（Tinsley R. Harrison），同學也叫他 Harrison（意思是像教科書般有學問）。我先生資質比我好，聽到一些東西，他會告訴我當中核心的概念是什麼，慢慢養成我整理自己所學的重點。」

行醫多年的許瓊心，帶領醫療團隊，講究思考要有邏輯。在她眼中，「讓我學到做事、思考要有邏輯的第一個人就是他。」這位 Harrison 同學跟許瓊心在一起談論功課或其他事情，常會說：「講三個理由給我，妳覺得怎麼樣？」

後來在馬偕跟後輩討論病人的狀況，許瓊心也總是說：「告訴我，你想這樣治療的三個理由。」甚至有年輕醫師想要離職，她慰留時還會「加碼」說：「講五個你要離開的理由。」許瓊心笑稱，「我這都是跟他學的。」

許瓊心那時完全沒有反骨行為，連江豐則會蹺課。甚至「考試到了，他還跟我說：『考試沒關係，我們先去看電影。』我就乖乖讓他騎著腳踏車載去看電影。」

走進信仰

在信仰的道路上，許瓊心也是跟著連江豐的腳步，走入了信仰，認識了天主。

連江豐是在東門基督長老教會長大的，父母是基督徒。從小上主日學。在建中高二的寒假，同學邀請他去天主教聖家堂聽道理班，「那時候加拿大耶穌會的高神父講得很好，我整整一年沒缺席，受洗了。別人在準備聯考，我都在忙教會。」

「大學成為班對後，他說希望自己將來的伴侶也是天主教徒，所以就帶我去教會。中學時念聖心女中，我的環境讓我很容易接受這個信仰。」大三時，許瓊心跟男朋友到新興區的法蒂瑪聖母堂，參加一位陳神父的道理班整整一年，課餘還跑去另一間露德聖母堂參加詩班，在大四的時候正式受洗成為天主教徒。

一直到七年級實習，兩人雙雙回到台北。許瓊心在馬偕擔任住院醫師的第二年，兩人結為連理，在榮總的宿舍成立了新家庭。

這位新入門的媳婦在婆家很受愛護，尤其許瓊心的公公相當疼她。每回來到公婆住的日式老房子裡，公公看到她總是說：「來來來，我泡茶給妳喝。」轉身從櫃子裡捧出一個茶罐，燒了水，注入茶壺，一陣花香飄出。

「那是我公公很寶貝的一罐茉莉花茶。他知道我喜歡花茶，每次我去，就會泡給我喝，喝起來很香、很柔，很有幸福的感覺。因為小時候沒有爸爸，所以那種感覺很溫馨。他是個很有教養的長輩，之前在東門教會聚會，會讀聖經，公公婆婆都是很虔誠的基督徒。直到現在，我在外面喝到茉莉花茶都會想到他。」

故事到這裡，只能算一段平凡但美好的「有情人終成眷屬」。真正凸顯這段婚姻的特別，以及顯示這位「最好的朋友」的特別，是在許瓊心成為許醫師之後的篇章。

他是她的「眼與耳」

隨著許瓊心一路從住院醫師、主治醫師到新生兒加護病房專責主治醫師，她忙碌的程度有增無減，在家的時間有減無增。從起初傍晚六點多下班，到十二點多下班；以院為家，有時連續兩三天沒回家，套句許瓊心二女兒連蘭誼的形容：「她就是漸進式地愈來愈忙。」

二十四小時都奉獻給病患的許醫師，忙得毫無掛慮、忙得心安理得，因為她背後有個一人分飾多角的先生連江豐做支柱。連江豐是超級奶爸、任何時候的生活後援隊、是照料兩家長輩的負責人、是許瓊心的心理輔導師，也是幫她了解外界世界的眼與耳。

「我很幸運。看過的女醫師，她們的先生像我先生那樣百分之百支持的，很少。大家都會覺得照顧小孩是媽媽該做的事情，女醫師都還要自己打點小孩的事，但我不用。有些學妹，被要求回家帶小孩，不然就要她到診所當醫生賺大錢，不要在大醫院賺小錢。」

反觀許瓊心的先生，「即便小孩子還小的時候，他從來沒有講過一句要我回家帶小孩。半夜孩子醒了，他都會起來幫忙餵奶，哭鬧的時候幫忙安撫，讓我可以睡飽一點應付隔天上班。他會陪玩、陪講故事。」許瓊心語帶崇拜地形容她的先生是「哄小孩第一名」。

「他在耳鼻喉科的門診要看很多小朋友，非常擅長逗弄小孩，會怕的小孩，都可以哄到不害怕。我的病人如果真的塞滿耳屎，我自己都夾不出來，就會叫他們去找我先生，他都可以輕鬆搞定。」不只哄，還會教，「女兒從小沒有補習，但她去考多益（TOEIC 英語測驗），考了九百多分。她語言的天分，我認為是因為從小爸爸就很會講故事給她聽。他對教導小孩子很有辦法。」

許瓊心跟先生教養孩子的「風格」，差異很大。

二女兒連蘭誼說：「到我小學三、四年級，媽媽還會檢查功課。她很嚴格，我都會把她給的標準貼在牆上，到現在我還記得她給我四個字『迅速精準』，很像她在帶住院醫師（笑）。她對於我寫字寫得好不好，要求也特別高；寫不好，就會一直擦掉，叫我重寫。像月亮的月，一豎寫下來，沒有跟平面垂直，就要重寫！」

女兒一邊回憶一邊苦笑。許瓊心也感覺自己教導女兒的方式，其實跟過去母親對她嚴格的教育很像。「以前我字寫不好，我媽也是叫我擦掉重寫。媽媽的字很漂亮，我的字寫得不怎麼樣，我先生的字更醜，所以我希望女兒能寫一手漂亮的字。沒想到現在都用電腦打，不用寫字！」說到這裡，許瓊心自己都笑了。

連江豐的教育方式則不一樣，基本上就是複製他自由、自主的學習成長過程，讓女兒多元發展。許瓊心說：「女兒的興趣很廣泛，很像爸爸，不肯補習也像爸爸！女兒喜歡表演，很會唱歌，曾上台參與歌舞劇演出。後來去日本讀特殊教育研究所，還一面找老師學聲樂、學跳舞，我心裡想『這有點不務正業』，但她爸爸都沒有阻止她。」

雖然連江豐在許瓊心口中是一個太過 free style（自由派）的人，但許瓊心生活的瑣事都被先生細心照料著。「許瓊心的弱點之一，就是常常不曉得什麼是普通人的生活。因為她全心都在醫院，跟世界沒什麼接觸。」連江豐說。

「家裡水電等亂七八糟所有的事情，都是他管，我全部不用管。他給我最大的支持就是讓我專心當醫師。」也因為她什麼都沒管，所以連江豐若是跟女兒出國，反而會擔心太太的生活能力不足，出現電費沒繳被停電等狀況。

當許瓊心留在醫院的時間開始愈來愈晚，甚至是連江豐主動提議：如果太晚，就睡醫院，不要回家，免得疲勞駕駛很危險。太太「神隱」在醫院超過兩天，連江豐就從天母到馬偕，跟太太來個午餐約會，順便收送換洗衣物。

如果夜半回家，「我先生有時候會去買洋蔥、胡蘿蔔、馬鈴薯、高麗菜，加上淡水魚丸煮一鍋，等我回來讓我吃。胡蘿蔔還是他特地到超市買的特殊品種，那種味道不會太重。」

所有生活瑣事串連起來的，不只是溫暖體貼的心意，更是放下自我、成就太太的寬大心胸。「其實他不是宅男，喜歡往外跑。但為了我，他願意帶小孩；因為我，他給自己的時間很少。」許瓊心再次提及自己的幸運。

因為要照顧太太，連江豐連旅遊次數都變得稀少，「她的朋友不多，當她有什麼需要，第一個就是找我。我不希望她需要後援的時候，我不在她旁邊。」

扮演最佳後援，連江豐甘心樂意，因為他就是如此欣賞這位牽手四十年的伴侶。「如果醫生有等級，她是最高級數的——屬於瘋狂等級。」他口裡形容許瓊心「瘋狂」，表情卻是眉開眼笑，彷彿正在形容一顆無論顏色、淨度、重量、切工都是最高等級的美鑽。

連江豐在醫界也是一位備受推崇的好醫師。熱愛自己的工作，不只是中耳疾病、中耳膽脂瘤手術的權威，面對病患同樣充滿關懷，所以可以支持一個二十四小時心思都掛在病人身上的太太。「回到家常常還有電話進來，我在跟病人講話，他都不會說：『怎麼下了班還在做這些事情！』」

女兒連蘭誼說：「小學時，每個星期天就是一起開車送我媽到馬偕查房，然後我爸就開車帶我到處晃，中午再會合一起吃飯。這就是我們週日典型的生活。我爸媽都是很熱愛自己工作的人。我從小以為大家都是如此熱愛工作，直到長大我才知道，原來很多人視工作只是工作。我長大後還適應了一陣子。」

除了讓太太專心當醫師，連江豐也負起供應太太心靈養分的任務。

「他興趣很多，會彈吉他、唱歌。即便到現在，他讀了什麼書，一起吃飯時，就會講給我聽；看了什麼電影也講給我聽。他非常會講故事，講完了，我等於看過那部電影，很省事（笑）。我知道當醫師不能只有死讀書，也需要有人文素養，可是我很忙，在這部分他就等於是我的眼睛與耳朵。」

「有一次他看了一部電影，是講日本鄉下的密醫，那個密醫做了很多事情，對那個偏鄉有很大的貢獻。到了後來，人們才發現他不是真的醫生（編按：日本電影《親愛的醫生》〔*Dear Doctor*〕）。他講得很精彩，我印象很深，但叫我再講一次，卻說不出來。他也會買DVD給我，讓我有空的時候可以在辦公室看。還有一部《海上鋼琴師》（*The Legend of 1900*）講一個從小被收養，生長在船上的棄嬰，後來成了音樂家，一輩子都沒有離開船上到陸地。電影讓我很感動，我還買了DVD送給同事看。」

當自由的風愛上浪漫的海

當太太因為醫院的事情心煩、爆氣的時候，他是暴風雨中安定的錨。

「有時我情緒不好，念念念，等我出門的時候，他就會跟我說：『這樣就好了，回醫院不要亂罵人。』或者說：『罵人也可以溫柔一點。』」

在遇見先生之前，許瓊心是一個非常壓抑的人。特殊的家庭狀況，讓她即便有情緒也不表達。直到與連江豐成立屬於自己的家庭，先生的愛，給了她一個全然接納的空間，讓許瓊心可以完全做自己。成長過程的孤獨、壓抑，在這位最好的朋友身邊全然地釋放，可以哭、可以放心爆炸。

女兒連蘭誼笑說：「高中有一陣子，我覺得我媽是個定時炸彈，常會在半夜爆炸，半夜一回家開始瘋狂打掃、吸地，弄到大家都不能睡覺。我覺得那屬於一種能量釋放。」

從連蘭誼眼中看到的父母，則是「我爸在家中的角色像一根柱石，是穩定的基礎。我媽媽是個滿愛哭的人，就是現在所謂『高敏感度』的人，她對小寶寶這麼投入，整個人的情緒都跟他們綁在一起。我很小的時候就感覺，她很像小孩，我像大人，吵架都是她在哭。但她也很容易開心，吃到什麼好吃的，哪個小孩子讓她覺得很可愛，就可以一直講，甚至尖叫。一般人到了一個年紀就會很淡定，不會大喜大憂，但她還是像以前那樣。」

在女兒眼中，這個有點像小孩的媽媽，連便當都做得很有特色。雖然忙碌，許瓊心仍然幫女兒帶便當直到她國中畢業。「從小家裡吃得很清淡。我國小的便當還有炒麵，但國中便當打開來，曾經只有一個白饅頭與一塊很大的水煮白蘿蔔，但我也習慣了。」

還有一次，許瓊心在忙碌中，貫徹她執行醫療計畫的「迅速精準」，成功幫女兒石牌國中全班二十幾個人做什錦炒麵。「前一天晚上我在醫院弄到晚上十點半，趕快開車到山下超市買了二十包麵，回家趕快洗頭、洗澡睡覺。三點起床炒麵。先炒蛋、炒肉、炒透抽和蝦子，接著站在小椅子上炒菜、炒麵。而且我直接在鍋子上鋪了錫箔紙，所以不用洗鍋子！」許瓊心非常得意地說。

在女兒成長過程中，母女兩人最大的一次衝突，是在連蘭誼高一升高二的選組決定。

媽媽希望她讀醫科，女兒決定選文組，許瓊心因此鬧脾氣，一個禮拜不跟女兒說話。

對於這件往事，許瓊心說：「我生氣，是因為她如果當醫生，我們很清楚這條路如何。是我有點撿便宜的心情。畢竟三十九歲才生她，當時也不知道我的健康狀況還能關心女兒多少年，怕到時候我會沒辦法在她身邊幫她。她不讀醫，我會不放心。」這是一個母親深深的心情，只不過表達的方式，在女兒看來很孩子氣。

遇到許瓊心鬧脾氣，連江豐就是默默地在她旁邊，不附和也不反對。等待妻子內心的小劇場慢慢地演完，因為他很理解太太，「她很敏感。因為成長的背景，她本來就是個安靜、容易受傷的人。對一個東西執著的話，也會深陷其中。你只能陪著她。」

「我爸爸總能安定她的心。他有個特質，好像任何人有什麼問題找他講一講，他都可以幫助他們調適。」這是連蘭誼的觀察。

許瓊心更能感受到，「我先生照顧我，有父兄的感覺。從小沒有爸爸的小孩，會在生命中尋找一個像父親角色的人。我在他身邊就是很有安全感。」在別人眼中或許會感覺，曾經貴為榮總副院長的連江豐「犧牲」不少，但他卻認為「愛情並不複雜，你愛她，就要疼她；疼她就不要欺負她，讓她傷心。」

從年輕到老，這份疼愛的心都沒有改變。連江豐於二〇〇二年，寫了一本詩文創作《神奇美妙的台灣》，裡頭的恆春半島篇，他用了「當自由的風愛上浪漫的海」作為標題。明眼人一看就知道，他是藉著許瓊心小時候成長的地方，來歌詠他們兩人的愛情。

「我爸爸是我媽媽想要天上的星星，他就會去摘下來給她的人。」女兒為父母的關係下了一個浪漫的註腳。

聖經《哥林多前書》十三章四至八節，一段被稱為「愛的真諦」的經文這麼寫著：「愛是恆久忍耐，又有恩慈；……凡事包容、凡事相信、凡事盼望、凡事忍耐。愛是永不止息。」攜手四十年，許瓊心知道自己何其有幸，在人生中有這麼一位真心愛她的「最好的朋友」。為她活出這段經文的美好，彌補了她二十歲之前的孤單、傷痛，也豐富了原本可能單調封閉的生活。「我很感恩，我真的非常幸運。」

第三部

死亡、謙卑與信仰，在艱難中勇往直前

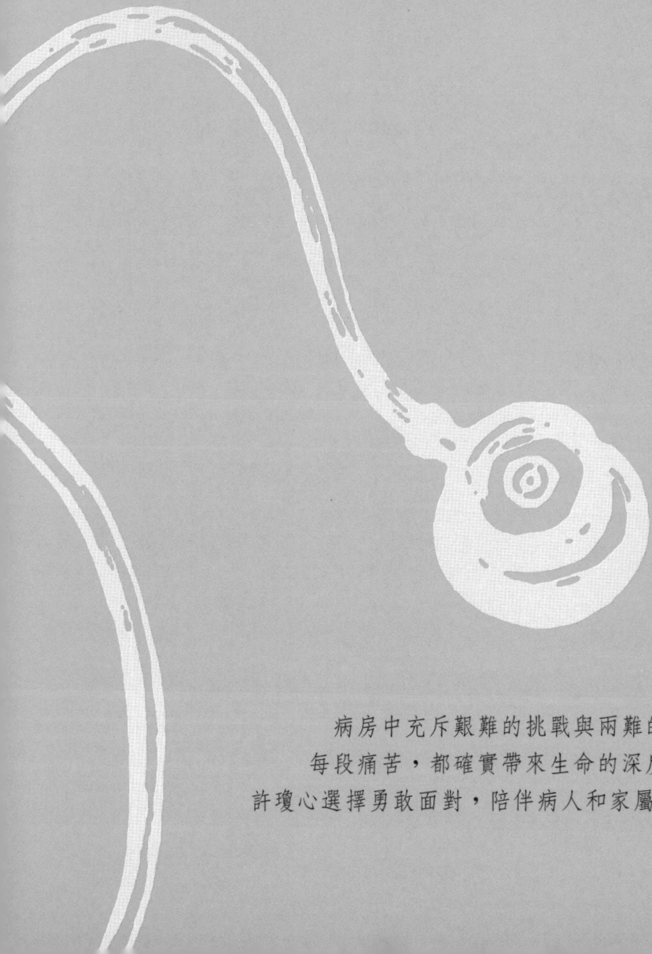

病房中充斥艱難的挑戰與兩難的決定，
每段痛苦，都確實帶來生命的深度與力量。
許瓊心選擇勇敢面對，陪伴病人和家屬一同走過試煉。

第九章

艱難的試煉，兩難的決定

如同夜晚不能阻止日出，難題也無法抹殺希望。

——伯納德・威廉斯（Bernard Williams，英國道德哲學家）

「我很想問許醫師：『妳怎麼受得了？妳那麼愛小孩子，妳怎麼受得了？』」這是一位黃爸爸提出的問題。他的雙胞胎兒子幾年前早產，許瓊心和馬偕醫護團隊用盡力氣救治，最後仍然相繼走了。

他們很感謝醫護團隊的辛勞，但心中的傷痛經過許久才平復。當他到加護病房看見許醫師與許多命懸一線的小生命，一起為活下來搏鬥，在他經歷愛子死亡之痛，忍不住疑惑：

加護病房常要經歷孩子死亡的陰影，她怎麼受得了？難道許醫師有鐵石心腸嗎？可是她明明那麼愛每個小病人啊！

「我都咬緊牙根。」這是許瓊心的答案：「在新生兒病房需要安慰家屬的頻率真的很高。其實我算滿愛哭的人，但這時他們需要專業，我哭安慰不了他們。你就只能陪伴，陪著小孩離開、陪伴孩子的家人。」

二〇一八年，有一對外籍夫婦的早產兒狀況很糟，她心裡知道小生命已經盡力了。因為他在媽媽肚子裡時的狀況就很不好，團隊雖然想盡辦法，終究無法勝過。她跟孩子的爸媽說：「請考慮放手。放手不代表不愛他。」面對小嬰兒的生命一點一滴離開，不只父母非常傷痛，當時負責照顧的年輕醫師，回到自己座位上也放聲哭了出來。許瓊心摸摸這位後輩的頭，告訴他：「新生兒科的醫師難免會碰到這個狀況，我們只能咬緊牙根。」

許瓊心是個愛哭的人。以前她為了設立新生兒安寧室，讓臨終孩子的父母可以有私密的空間陪伴孩子，而多次跟當時的馬偕醫院楊育正院長進行討論。許瓊心每回講到孩子離去的故事，每次必哭，所以楊育正前院長常跟別人說：「那個許瓊心很愛哭！」

但與家屬一起面對死亡，她選擇當一個堅定的陪伴者。「我常說，我們牙齒都要咬很緊！為了家屬，我反而要忍住。」

聖經《羅馬書》五章三至四節中有段經文：「患難生忍耐，忍耐生老練，老練生盼望。」

你可以說，許瓊心是為了專業選擇忍耐，也可以說她是經歷多而能忍耐，但知道她過去的人都能了解，自己孩子死亡的切身之痛，她是大痛過，才能生出忍耐，存著盼望。

失去孩子的切身之痛

時間回到一九八五年，許瓊心的大女兒連蘭瑩小學一年級時。她還記得，那天是星期天，先生剛從夏威夷回來，全家中午一起在外用餐。下午回到榮總宿舍，孩子沒什麼功課，便蹲在院子中，開心地跟狗狗玩耍。當天晚上十點多，「我在廚房忙著，突然聽到廁所那邊傳來她痛得大叫的哭喊聲。」趕忙跑過去看，只見女兒已經半邊不能動，昏迷了！

在這之前幾個星期，她女兒第一次喊頭痛，當時許瓊心在醫院接到先生來電：「妹妹說頭很痛。」許瓊心問有沒有發燒，因為沒發燒，自己又快下班了，就請先生給孩子吃顆普拿疼（止痛劑），準備回家再看看。「但她睡過後都沒事了。」隔了幾天，她先生出差正在夏威夷開會時，女兒早上起來又喊頭痛。許瓊心心知有異，與當時馬偕的小兒神經科醫師討論，並約定下週一要帶孩子去檢查。誰知道，週日晚上就出事了。

她緊急開車跟先生帶著孩子一路飆到馬偕，深入檢查才發現，「她的腦瘤是極度惡性、充滿血管的腫瘤。因為上廁所壓力改變而腦瘤破裂，她的瘤是長在比較不會壓迫神經的位置，所以之前沒有什麼徵狀，誰知……第三次的疼痛她就昏迷了。」多年後，許瓊心談到當時的情景，表情雖然平靜，但中間一度停頓，仍讓人感受到她內心深處受到回憶牽動的情緒。

孩子後來一直停留在昏迷指數三（病人的意識狀況呈現最深度的昏迷），「叫她沒有反應，也沒有動，應該是中樞神經受損。」連蘭瑩開了兩次刀，一次是切除腦瘤，第二次是腦壓太高再度開刀，但一直昏迷不醒，需要靠機器維生。「所以我先生跟我一起討論，決定放手，兩個人一起抱著大哭。」

「我知道那種腫瘤很痛。我們會很期待說，她能再醒來一次，告訴我們，她現在已經不痛了，還是怎麼樣。可是我們完全沒有機會跟她說再見，那種感覺真的心好痛！」

從女兒發病到死亡，許瓊心只請了十六天假，原本她已經打定主意要辭職回家照顧女兒，沒想到年輕的生命這麼快就離開人世。她很快回到馬偕上班，同事知道，卻沒人敢直接問她。白天藉著忙碌麻痺自己，但「我那時只要下班，一離開工作，情緒就崩潰。開車回家都是一面哭、一面喊女兒的名字回家的。」回到家中，因為太悲傷，有段時間甚至跟先生都沒辦法開口談這件事。「兩個人只能各自悲傷，家裡比平常還要安靜。」

那是一段幾乎要喪失心神的日子，「我當初根本沒辦法過下去，那種失落真的割心。」她為了想要知道女兒究竟去了哪裡，到處尋求答案，雖然是天主教徒，但每逢假日還是跑遍台灣求神問卜，「大甲、花蓮慈惠宮……甚至還跑去觀落陰（編按：一種超自然的民俗心理療法，透過催眠咒語讓生者的靈魂到地府與死者見面）。」

同樣在傷痛中的先生，就是默默開著車陪她到處跑。「我們兩個像傻子一樣。我只是想知道她好不好，還痛不痛？但其實我也不知道那是真、是假。那段時間，我們買了很多生死方面的書來看，想要了解另外一個世界是怎樣。」

這種過程只有經歷過的人才能真正體會。有一個血癌小朋友的媽媽，將近四十歲面對唯一的孩子即將離去，「她很想知道我怎麼走過來。我老實告訴她，不可能好過的。」

「我不敢再回去榮總南區宿舍，因為那種感覺太過傷痛。大女兒的鋼琴還放在那裡，她的書桌也一直放在裡面。我先生很貼心，他知道我沒辦法承擔那種難過，所以要辦什麼事都是他回去。」那時他們搬到行義路新買的房子，「那個房子其實是老大還在時訂的，蓋好的時候老大已經過世。所以這也是上帝安排好的，讓我可以不用在那段時間，去面對觸景傷情的痛苦。」

上帝的禮物

聖經《以賽亞書》三十章二十至二十一節：「主雖然以艱難給你當餅，以困苦給你當水，你的教師卻不再隱藏；你眼必看見你的教師。」在黑暗似乎深深罷罩的那段時間，許瓊心卻發現上帝用另一種方式，讓她跟先生經歷了一段新生命的奇蹟。

失去女兒時，許瓊心已經三十八歲了，原本不認為自己有可能再生小孩。隔年，潘世斌醫師（現為生泉婦產科試管嬰兒中心負責人）從耶魯大學博士後研究回來馬偕，擔任不孕症科主任。

許瓊心抱著姑且一試的心情去找他，「日子快過不下去了，好難過。」潘醫師幫她抽血檢查，發現她不僅黃體素不足，還有一邊輸卵管阻塞，但仍鼓勵她試試。許瓊心也決心以三十九歲之齡放手一搏，「我每個月去打排卵針、吃藥，醫生說我是最乖的病人。」然而治療的前十個月，都沒有動靜。看到太太這麼辛苦，到第十一個月時，連江豐跟許瓊心說：「不要再逼潘醫生了啦，有就有、沒有就沒有，都是上帝的恩典。」

「我們兩人就決定那是最後一次。」那個月輪到她塞住的輸卵管那一邊排卵，本來已經認定沒希望了，「沒想到，那天我量體溫，發現溫度不一樣，去驗，真的懷孕了！幫我做不孕治療的潘醫師說：『雖然輸卵管塞住，妳的卵子還是找到了自己的出路。』我真的感謝上帝！」

過了一段時間，做羊水穿刺，知道是女兒，她先生特別開心。不只如此，上帝又送了另一個特別的記號激勵他們。許瓊心懷孕後期，連江豐夢到這個小嬰兒的耳朵有一個小肉瘤，沒想到二女兒出生後，真的發現她的左耳有一增生的突起物。這讓他們更確定她是上帝給的禮物。

當時回首過去一年多的苦痛，許瓊心突然有一個新的想法：「我原本以為需要辭職照顧大女兒，但她很快就走了，那時又升主治，我覺得也許上帝有祂的意思——希望我多花一些時間照顧病人。」

沒有人喜歡痛苦，但**痛苦確實帶來生命的深度與力量**。經歷這段過程，許瓊心更能幫助那些失去孩子的父母。就像她很喜歡聖經《哥林多後書》一章四節所寫的：「我們在一切患難中，祂就安慰我們，叫我們能用神所賜的安慰，去安慰那遭各樣患難的人。」

「我用自己的經歷告訴他們，**即便失去孩子，故事還沒結束**。」失去雙胞胎的黃先生與黃太太，就因為許醫師的鼓勵，開啟了另一章節的故事。

這對夫婦當初也是做不孕症治療。媽媽三十八歲，二十四週就破水，但她在桃園的婦產科沒有積極處理，孩子二十四週就出生，全身都是黑的。勉強送去馬偕，弟弟很快就走了，哥哥撐了一個月，仍然無法保住。

黃太太記得在安寧室中，她一直哭，「許醫師告訴我，她失去過得了腦瘤的女兒。我跟她對望，看到她紅著眼眶。雖然身旁有很多人安慰我，但只有她的眼睛讓我感覺，她了解我的痛。她告訴我，孩子雖然到天上了，他們還是妳的孩子；可是我們在地上還是能再有小孩。」這對夫妻帶著傷痛離開醫院。經過快一年，許瓊心接到電話，他們開始有力量詢問關於人工生殖的事，準備再生一個寶寶。

有一天，馬偕十樓ＮＩＣＵ外的電鈴響了，有人找許醫師。許瓊心到外面一看，是黃先生。他挫折地告訴許瓊心，做人工生殖沒有成功，很難過。「我告訴他，怕什麼，國父革命也要很多次！他們聽了我的話，又繼續努力，有一天又來按電鈴了。」這一次，黃先生代表太太很開心地報告：已經成功懷孕！這次懷孕過程黃太太非常小心安胎，中間有什麼小狀況，都會很緊張地打電話給許瓊心。她雖然不是婦產科醫師，卻密切跟黃太太在馬偕的產科醫師聯繫，「我們兩個人變成一個team（團隊）來照顧這個媽媽。」

後來，黃太太在三十六週順利生下一個很壯的男寶寶。她傳了簡訊給許醫師，謝謝她的團隊幫她這麼多忙。過了一年，ＮＩＣＵ的電鈴又響了。這一次，黃先生送來一包米，上面有滿週歲寶寶的照片。

「他們傷心也來、開心也來。能陪他們走這一段，我自己也很欣慰。」

還有個孩子先天氣管狹窄，做了多次手術又做了氣切，在ＮＩＣＵ養到回家了。沒想到一歲多的時候，有一次父母沒注意，孩子扯掉氣切的造口管子，沒辦法呼吸，送來醫院就走了。父母的愧疚感，讓他們很不容易走出來。但幾年後，許瓊心收到一封來自他們的信，信中寫著：「許醫師，謝謝妳那時候的陪伴與傾聽，我們現在開了間小咖啡店，歡迎有空來店裡坐坐。雖然我們走得很慢，但不要擔心，我們還是可以慢慢走出來。該哭的，我們還是會哭；該做的事情，我們還是會去做。有時候我們會用力哭一下，但不要擔心，我們還是會努力走下去的。」

「我很喜歡一段經文，聖經《申命記》三十三章二十五節：『你的日子如何，你的力量也必如何。』我常用這段經文來鼓勵自己、鼓勵別人。就像詩歌常常唱的，上帝並未應許天色常藍，但上帝會給你相對的力量去面對。我會跟病人的父母說，我不知道上帝為什麼讓你們碰到這樣的狀況，但你們要相信，一段時間後，也許就會知道上帝要我們做什麼。」

跟面對死亡一樣艱難的決定

除了死亡，在NICU還有一種困境，跟面對死亡一樣艱難，那就是選擇是否讓孩子活下來。無論要或不要，都不是容易的決定。

「一九九五年我有一個病患，父母都四十歲了，孩子早產生下來就是癱的，生命力很弱。腦部檢查發現是腦出血第三度（腦室內出血且腦室有擴大的情形），之後是水腦（腦脊髓液增加過多，腦室擴大、被壓迫，會損害腦神經組織），腦的導水管都塞住了。我跟父母解釋，腦出血是最重大的併發症，不救，會水腦死亡；救了，小孩子活下來也是癱瘓，可能連父母親也不認得。我們勸父母放手，但小孩的家人說：『許醫師，沒關係，該做什麼救治就做什麼救治。即便重殘，我們也願意。』他們是虔誠的佛教徒，覺得那是他們要承擔的業障。」

馬偕團隊按照家屬的意思，做了兩次水腦的暫時引流，但沒有成功，孩子需要做永久引流。

那一年開始有早產兒追蹤，許瓊心印象很深刻，因為孩子的父母後來很努力地幫孩子做復健，孩子的發展情況也比所有人想像的好。「他可以坐輪椅，也認得父母。兩歲多來做追蹤門診時，已經可以摸我的鍵盤，想抓我的滑鼠。這孩子因為常常感冒、中耳炎，我用耳鏡看他的耳朵，他還會哭著講出完整的話：『不要這個！』也會講『謝謝』、『醫生再見』，我覺得孩子潛能真的無窮。」她很高興當初家屬沒有聽從她的建議，決定留下這個孩子，而現在又有更新的復健醫療技術，相信這個重殘的孩子，未來還是有可能成長到比預期更好。

當然也有做出相反決定的個案。有一個孩子出生二十六週，是父母好不容易懷孕生下的。雖然在照顧過程中，小朋友經歷了早產兒常有的併發症，但手術都成功。孩子從六百多公克養到一千七百多公克，可以完全靠自己吸收奶水，營養針也停掉了，腦部超音波檢查也是正常的。沒想到，因為腸子蠕動不正常，每個月的抽血檢查，竟發現血液中長了奇怪的菌。「那是長在土壤中的菌種，叫做仙人掌桿菌（Bacillus cereus）。這細菌一般不會出現在身體裡面，懷疑是汙染造成的。」

檢查出來的當天晚上，許瓊心已經感覺到小朋友怪怪的，比較會哭鬧。「上網看了一下關於這隻細菌的資料，發現事情不妙。隔一天星期三，在大夜班交班完後，我正在寫病歷。護理長打電話給我，說小孩子抽筋。總醫師幫我替孩子做腦部超音波檢查，發現腦出血，所以孩子才會抽筋。我們趕緊抽脊髓液化驗，發現是腦膜炎，那隻菌會造成壞死性出血腦膜腦炎，而且變壞的速度很快。我們換了抗生素，但孩子腦出血還是很快地發展成水腦現象。」

最後，雖然孩子度過危險期，帶著呼吸器，仍可自行吸收奶水，但因為已經有腦傷，家屬決定放棄，拿掉呼吸器。許瓊心也只能尊重。

另一個更遺憾的故事，「二〇一二年有個出生約六百公克的寶寶，雖有三度腦出血，但腦部的血塊已經開始自行吸收，孩子可以灌奶、完全自己吸收，但父母不想要。因為孩子將來可能會有某種程度的殘障，他們要醫師保證他將來是正常健康的小孩。若是在西方，他們不會接受就這樣放棄生命，而且三度腦出血的孩子，我們也有看過血塊完全被吸收，沒有造成腦損傷的例子。總醫師跟我一起照顧那個孩子，她也覺得孩子是有機會的，我們告訴家屬：『不然你們把小孩給我們養，你們不要，我們要！我們可以把他照顧好，再請社福團體讓他被出養。』可是他們不肯讓我們救，總醫師傷心地大哭。後來父母甚至沒有自己關掉呼吸器，而是叫一個和尚來關機器。」

她感嘆，「這是我非常心痛的個案。」

靠信仰勇往直前

病房中諸多艱難的試煉與兩難的決定，常會讓醫護人員覺得無力，許瓊心則是依靠信仰來幫助自己勇往直前。

「當醫師愈久，我愈知道自己是有限的，醫師不是神。」雖然她不是一個成天開口說「哈利路亞」、「阿門」的天主教徒，也多半沒空在星期天去做禮拜。但「我每天出門前或者開車往醫院的路上都會祈禱，為我今天所有的決策祈禱，希望這些決策都是對病人好的。每天到醫院要開始工作前，我還會再做禱告：『上帝，幫助我做正確的決定，讓我給病人做最好的治療。』」

馬偕新生兒科團隊都認為，只要有許瓊心在，就有安定的力量。連資深的醫師，像是NICU主任張瑞幸也說：「她是很有自信、很果決、膽子很大的人，不像我會想很多。」

但許瓊心看自己的內心，卻不是真的那麼果決自信。「人家看我都是神經大條，好像很穩，他們都不知道我其實是焦慮、憂心的。但我必須鎮定，因為若我自己都慌了，我的學生怎麼辦？所以我常常牙齒咬得很緊，碰到某些困境，會用經文告訴自己：妳不要再鑽牛角尖了，要知道上帝說：『凡勞苦擔重擔的人可以到我這裡來，我就使你們得安息。』（《馬太福音》十一章二十八節）」

「碰到非常困難的狀況，我會盡量冷靜地跟學生說：『目前的困難，我會做這個決定，我有一、二、三、四等理由。』好讓年輕醫師的心可以安定。其實我心裡暗暗地在為自己沒有把握的部分祈禱著：『求神給我力量，讓我做好的選擇。』」

「有時，我覺得上帝會聽到我謙卑的祈求。兩、三年前，有位病人因為不明原因發燒了一個多月，在其他醫學中心做了詳盡的檢查。由於病人的母親認識我，所以帶來馬偕醫院住院。我和感染科醫師努力找出各種可能的疾病，並加以診斷。住院四、五天後，正在思考要不要進一步做骨髓穿刺檢查，病人的媽媽在我去查房時告訴我，她女兒前一天解了像西瓜汁一樣的血便，並強調女兒月經剛結束，而且沒有便祕，不可能是肛門裂傷。」

就在一團迷霧中，不知為何，許瓊心腦中突然有個念頭：會不會是克隆氏症（Crohn's disease，編按：一種慢性且反覆性腸道發炎的疾病，從口腔到肛門都可能發炎，但較常發生在小腸或大腸）？她找了直腸外科來做內視鏡檢查，發現大腸有潰爛的現象，結果檢驗發現真的是這個病。

「她剛開始的症狀很不典型，沒有腹瀉、肛門也沒有糜爛。可是上帝讓我靈光一閃。這屬於小兒腸胃科的領域，不是我的專長，但祂讓我想到可能是這種病，我覺得這就是上帝在幫我。」

她也經驗到，上帝有時候會供應一些醫療資源，讓她有意外的驚喜。「有一種維他命D_3滴劑在台灣很貴，可是我覺得小孩子需要，就自己去買。買了幾次之後，廠商知道我會去買，就每個月送五瓶給我們。我們固定給體重低的早產兒吃，可以幫助他們不會骨質疏鬆。我常常覺得，有時候我們先拋出一點點，上帝就會像聖經裡面寫的一樣，實行『五餅二魚』的神蹟，豐富供應。」

個案管理師陳珮臻觀察到，面對那些很困難的小孩，許瓊心總能傳遞一種務實又正面的能量。「許醫師常對家長說『我們就來做』；『做多少都沒關係，就是去做。不管做什麼，只要是對的，就來試試看』。她的口頭禪是『如果哭能夠變好，我們就一起來哭』，她的重點都放在可以跟父母一起為孩子做什麼。」

「生命就是這樣，你難過、天天哭，但哭沒辦法改善現狀，那我們就一起面對問題吧！」許瓊心說。走過的每一哩路都讓她確信：「上帝給我力量，陪伴他們一起面對艱難的試煉。」

第十章

我的字典沒有「怕事」

堅持不懈不是一段長跑，而是一個接著一個的短跑。

——沃爾特・艾略特（Walter Elliot，美國傳教士）

「囝仔（台語，小孩子）我要帶回去。什麼換血！師父說，去神明前面壓黃紙就好了。」早上十點多，是馬偕NICU開放父母親探望的時間。十多年前的某一天，病房中很多家長都露出畏懼的表情，看著一個身上刺龍刺虎的「大哥」，在NICU對著醫護人員大聲嚷嚷。

個子相對瘦小的許瓊心，手插著腰，盯著這位大哥，任憑他發飆。大哥惡狠狠地，許瓊心看著他也沒在怕，就是不答應讓他把小孩帶走。他的孩子因為黃疸嚴重，前晚住進馬偕，經過護理人員一夜努力照光，稍微減輕黃疸狀況，後續可能需要進行換血才能完全醫治。這位家長卻聽信民間療法，竟打算中斷醫療。「這樣孩子會變成核黃疸（編按：過多的膽紅素游離出來，穿過嬰兒的血腦障壁造成腦損傷，會影響心智及可能危及生命），長大會變成社會問題。」許瓊心說。

住院醫師同步通知當時的台北縣社會局（今新北市社會局），要他們派人前來以公權力阻止這位父親做出不理性的行為。但雙方僵持到接近中午，社會局的人不知為何遲遲沒有出現。許瓊心拿起電話，換個方向飆向社會局：「你們是怎麼搞的⁉小孩可能因為這樣沒命，你們還慢吞吞。再不來的話，我認識日報記者喔！」大概感覺到電話這一頭的狠勁，沒多久，社會局的人就奔來馬偕，成功阻止這位大哥級的家長帶走孩子。

隔天，許瓊心跟這位大哥隔著訪視走廊的玻璃看著孩子。他換了一種口氣對許瓊心說：「姊仔（台語，年長於自己的女性），就照妳說的做，孩子就拜託妳了。」

病房護理人員笑著對許瓊心說：「這次是流氓家屬碰到流氓女醫師了。」

「有事，該出手就要出手。」許瓊心說：「我才不怕。」

「怕事」這兩個字，不在許瓊心的字典裡；「河蟹」（「和諧」兩字的諧音，指掩蓋負面消息，和稀泥式的和諧）這兩個字，也不在她的字典中。

不只碰到流氓家長不退縮，當她發現組織中有問題，即便會得罪高層、讓別的單位覺得她多管閒事，一樣不會放手不管。「明明看到問題，還大家好來好去，這不是我的作風。我很會吵。」

幾年前，有一位高危險妊娠的媽媽，媽媽因為子癇前症（preeclampsia，編按：孕婦除了高血壓之外，伴有蛋白尿及全身水腫），血壓很高，不容易控制，造成胎兒窘迫（fetal distress）。孩子早產生下來腦傷，腸子也受傷，剩下四十公分可用。

許瓊心在馬偕的婦兒討論會（婦產科與兒科醫師的聯合會議）中，嚴肅地對產科醫師說：「這個媽媽十二年前妊娠毒血已經有紀錄，十二年後又懷孕，醫師竟然只給降血壓的藥。孩子都腫起來了，你們還以為他是體重夠。像這樣的產婦需要做臍動脈都卜勒（Doppler，編按：可以測定血管血流狀況的超音波檢查）監測胎兒血流。這裡是教學醫院，在場有年輕的醫師，我們應該做出一個這種高危險妊娠的照護流程SOP。」

後來馬偕婦產科做出一份相關SOP（正式定名為「胎內發展遲滯兒產前照顧指引」），「做得很漂亮。台大也沒有這種流程，馬偕這份是我要求出來的。」許瓊心表情有點開心地說。

其實不只這份SOP，馬偕婦產科對於提早破水的產婦，也會密集地兩天一次追蹤小孩發炎指數，這也是許瓊心去「要求」出來的。「多年前，台灣的產前照顧還未注重預防乙型鏈球菌感染之前，我還催促他們做出了乙型鏈球菌產前檢查照顧指引。」

為了在婦兒討論會上，更了解胎兒在母體內的血流變化，她還認真學看產科的胎兒胎心音監視器的開放教學圖檔。

「二十幾張PPT我認真讀了一次，讀到半夜三點，什麼『S/D ratio』（編按：測量臍動脈及胎兒中大腦動脈的血流阻力指標）我都會看了。我告訴新生兒科醫師：『這些你們也都要會看，我讀到凌晨三點，你們要比我更認真。因為有些孩子在媽媽肚子裡已經有問題了。』在加護病房怎麼辛苦怎麼累，如果前端沒有做好，我們後端不過就是亡羊補牢。所以每次婦兒討論會，除非真的很累，我一定會參加。前一天我還會預先做準備。」

馬偕新生兒科主治醫師張弘洋，與許瓊心一起參加過各種醫院內、外的跨科別會議，他說：「每個月跟婦產科開會，每次她都會提出需要改善的地方。婦產科屬於外科系統，她卻每次都能針對問題，覺得應該做的，就努力去溝通。她都說，如果只是報告個案，她就不想去了，去就一定要帶來『想法改變』。」

有的個案不是她的病人，她也要管。一對雙胞胎小孩，其中一個A寶寶生下來需要用葉克膜（ECMO，體外循環維生系統），她要求討論為何會變成這樣。「本來他們要到下個月才討論，到那時候已經雲淡風輕了，我要求現在就討論。A寶寶當時的胎兒監視器測量數據，在婦兒討論會上報告沒問題。但我覺得不對，會後私下去產房了解後，發現需要葉克膜治療的A寶寶，胎兒監視器是有問題的，並非新生兒照顧不好所造成。」

許瓊心為此還從婦產科主任開始，再到主治醫師，一個個打電話告知他們：**不可以誤導事實，學生不對，要糾正；不會，就要教到會**。「她完全沒有要『河蟹』的意思。」張弘洋感嘆。

「我真的很會吵！」

這種不肯「和稀泥」的作風，甚至在面對其他醫院的醫師時，她也不改作風。「我去『周產期醫學會』，用一張幻燈片的案例問在座的婦產科醫師：『媽媽有妊娠毒血的風險，要用都卜勒監測胎兒臍動脈血流，你們每次都說知道，但為什麼不做？明明健保也有給付，但為何不做？』在場每個人都惦惦不說話。我又用了另一張幻燈片：『你們都說，緊急剖腹產就是要在三十分鐘內把小孩子拉出來，為什麼都兩、三個小時後才讓孩子生出來？這個案例九點肚子痛，十點多說胎兒窘迫要剖腹產，孩子卻一直到十二點才生下來！』」

那一天醫學會會議，許瓊心那三張幻燈片，讓在場的人坐立不安。

「大家都說醫師很辛苦，不想去做壞人。可是你做決定，就要好好做決定，你不知道若沒做好，生下來會腦傷嚴重嗎？明明是三十四週的早產兒，差不多要足月了，本來不會有問題啊！我還告訴婦產科診所醫師，如果他們沒有能力急救，就不要把產婦留住不放。我會很討人厭，但我希望將來媽媽在生小孩的時候很安全。就是要做對的事情啊！」

其實不只醫療事務，跟醫院品質相關的大小事情，她也照樣不放過。「我是連廁所不乾淨也會吵的人。我會假裝病人打電話去稽核室說：『我是你們的病人，你們的廁所太髒，不尊重我們的就醫環境。』也會說：『你們外包清潔公司是在做救濟嗎？』他們現在知道我上哪間廁所，都會弄得很乾淨（笑）。」

「以前早會的早餐太難吃，甚至有過期麵包，真的難以下嚥，大家都直接丟垃圾桶。我也會問醫院管理單位：『你們早餐的採購有沒有勾結？有空來看看早會後的會議室垃圾桶，都是還沒吃就被丟掉的早餐。』」

更早以前，她還為了一氧化氮的事跟醫院採購吵個不停。加護病房的新生兒醫療處置是分秒必爭，所以許瓊心都嚴格規定，護理師要在五分鐘之內裝好一氧化氮的管線。有一陣子護理師老是沒辦法達到要求，讓她非常不高興，後來才發現，這一批採購裝一氧化氮的鋼瓶，使用時須等二、三十分鐘，一氧化氮才會浮上來，是品質不好的氣體瓶。廠商甚至教他們先放在地上滾動，會比較快。

「我又打電話去吵了，要稽核室去看採購有沒有問題？我罵說：『我要求護理師五分鐘接好管線，你們現在讓瘦小的護理師滾瓶子滾二十分鐘，怎麼可以!?你們自己過來加護病房看看！』後來院方改了，採購品質好的一氧化氮氣瓶。」

她點點頭又說了一次，「我真的很會吵！」

唯一的醫療糾紛

她的不肯「和稀泥」，並不只是檢討別人。當自己或她的團隊出現差錯，即便這個錯誤後來並沒有造成傷害，或者不講就不會被發現，她仍第一時間告知家屬，絕不隱瞞。

「我面對家屬很誠實，所有的事情都會很早就告訴他們，不會隱瞞。我覺得，**醫病關係最重要的事就是誠實**。」例如，那個因為心律不整休克，大片腸子壞死，正常的小腸只剩下十公分的凱凱。當初孩子從很穩定到突然出現嚴重狀況，「我第一時間就誠實告訴家長。家屬問我孩子已經不在危險期了，為何還會發生這樣的狀況？我告訴他們，我們之前不曉得，但後來從文獻上發現，心律不整有可能會造成腸子壞死。家屬也能諒解。」

神奇的是，許瓊心行醫四十年，碰到困難的個案那麼多，也有失敗或失策的時候，但幾乎沒有醫療糾紛。她認為，「我沒什麼醫療糾紛，並不是我都不曾做錯；之所以沒有醫療糾紛，是因為我都老實跟家屬說。」

「爸爸，不好意思喔，昨天拆點滴的時候，不小心剪刀劃到肉。」「對不起，因為沒注意造成漏針。」……面對血管像縫衣線那麼細，手腳只有成人指頭粗，細皮嫩肉又脆弱無比的「巴掌仙子」，醫護人員辛苦照料過程中，難免還是會有小差池。只要是許瓊心的病患，「不管是漏針或者小孩脫皮，我們都會老實說。一方面趕快補救，一方面要老實跟家屬說我們做錯了。」

這麼多年，她唯一一件醫療糾紛，出現在一個非常緊急的狀況下。

有個從外頭診所轉來的緊急個案：媽媽有妊娠糖尿病，甲狀腺功能不正常，胎兒較大。孩子在生產過程卡住產道，除了低血糖，還合併敗血症，到加護病房時狀況十分危急。因為醫療需要，便幫小病患放置中央靜脈導管。但因孩子太小，許瓊心第一時間判斷，小朋友的血管太細很難打，可能造成時間耽延，於是她對護理師下達指令：「用細針。」

可是因為安全針具有個閥放不進去（放置中央靜脈導管時，須變通使用周邊靜脈針當導入針，而周邊靜脈針目前均改成安全針具），出於急迫，護理師就把安全頭剪掉；沒想到才一轉身，孩子身上的軟針一下子就不見了！軟針很細小，他們慌忙地在保溫箱附近到處找，卻找不到，也不確定是否滑進小孩的血管中。使用電腦斷層照射，也照不到孩子身上有軟針。醫護團隊的成員害怕得不得了，急得快哭出來了。

當天晚上，在狀況尚不清楚時，許瓊心立刻跟家長誠實以告。「我第一時間就跟他們講，這是醫療疏失，我很抱歉。」

後來，小孩子恢復健康好好出院了，電腦斷層依然照不到身體裡面是否有針。但家長不諒解，派了律師來談醫療賠償。「我跟院方講，若是二十幾萬，我願意認賠，不用讓護理師走法律程序，我會捨不得。那個護理師的技術很好，放中央靜脈導管救了很多小孩。我是團隊的頭，這個責任也是我要扛。」

堅持發生醫療問題時，誠實面對家屬，要面對的壓力並不只有家屬這一端。這一路走來，因為她太誠實，也曾發生過團隊對她不太諒解，認為她多生事端的情況。

多年前，當她擔任新生兒加護病房專責主治醫師時，有一次新生兒病房有個小病人，因為低血糖需要接受高濃度的含糖輸液來矯正。護理人員在使用輸送輸液的幫浦時，可能因為機器設計的問題，在護理人員調整藥劑流速時產生誤導，結果出了差錯。因為流速太快，這個小朋友在短暫時間內被輸入過高量的含糖輸液，血糖飆到上千。許瓊心認為，這件事情應該要告訴家屬，「所以，我打電話給當時的馬偕醫學倫理委員會主委，告訴他，這件事情家屬都不知道，要醫院趕快跟家屬說明。」

因為孩子後來並沒有出現問題，本來這件事情可以隱瞞的，「可是，我是老師，身旁都是我的學生，做了傷害病人的事情，怎麼可以不講出來讓家屬知道？我認為錯就是錯，應該要老實講。」

據她了解，當時院方的主事者認為她沒事找事，為何要讓醫院蒙受這種損失？「可是我告訴他們，醫療人員來來去去，如果有人離職去外面講，馬偕醫院傷害病人又沒讓家屬知道，醫院就完了。」當時還有同仁告訴許瓊心：「高層很不高興，是我去幫妳把這件事情扛下來的。」許瓊心秒回：「我不需要你替我求情，我沒有做錯事情。如果他們因為這樣要趕我走，我隨時可以走人。」後來院方跟家長進行說明並做了賠償，同時舉行了醫療疏失檢討會議。

「許醫師跟你拚了！」

因為許瓊心凡事坦坦蕩蕩，又極度在乎孩子的權益，所以不只在組織內、外不肯「河蟹」，家長若是亂來，惹毛了她，她一樣會當頭棒喝，絕不溫言軟語。

「爸爸媽媽，你們出去！把阿公、阿嬤都叫進來！」

有一天接近傍晚六點，在馬偕醫院二樓診間，傳出許瓊心的聲音。年輕時被老公形容為「講話聲音像蚊子」的許醫師，當下的音量卻頗為大聲。一位年輕人急忙開門走到外頭的公共候診區、四下張望，這時外頭椅子上等待的患者已經沒有多少人，因為當天駐診的醫師都準備要結束看診了。

年輕人看到不遠處的一對老夫婦，語氣急切地說：「爸、媽，許醫師要你們進來，快點！」阿公、阿嬤相繼進入診間，還沒機會坐下來，只聽到許瓊心已經繃著臉開罵：「為什麼今天弄成這樣？你們是要叫小孩死是不是⁉」

許瓊心口中的小孩，是一個兩年多前在馬偕她曾經照顧過的孩子。小朋友是先天泄殖腔異常（編按：直腸、陰道和泌尿道出口結合成一公分到七公分的共同腔道），缺少輸尿管。這樣的小孩初期多半會裝置人工造口，讓糞便從造口排出。醫療團隊好不容易將她照顧到比較穩定，阿公、阿嬤覺得掛一個便袋很不好看，決定要把她的造口關起來。就去另一家大醫院找醫師動手術，用一段腸子替代輸尿管，並把造口關閉。只不過腸子接好後，有段時間孩子需要天天灌腸，不然大便沒有排乾淨，宿便會產生毒性大腸炎，出現滲便的現象，並造成屁股紅腫潰爛。

這個小朋友轉院後，已經不是許瓊心的病患了，但有一天她卻接到媽媽的電話。電話那頭是帶著哭腔的聲音，「許醫師，怎麼辦？我的孩子一直發燒、咳嗽，屁股都爛掉了。」

「那媳婦很年輕，可能在家裡沒地位，小孩開完刀後狀況很多，但她卻只能聽老一輩的指令，不能有自己的意見。媽媽應該是沒有辦法了，才打電話給我。」聽到電話那頭的哭聲，許瓊於心不忍，就叫他們帶孩子來給她看。

當天一看到孩子的狀況，許瓊心立即大怒。「怎麼會這樣？這種孩子需要天天灌腸，到底有沒有灌？」一問之下，答案就出來了，媽媽告訴她：「動完手術，醫師有要我們天天灌，可是阿公、阿嬤說：『不要灌腸，要讓孩子自己學大便。』」

她發現，小嬰兒其實不是因為感冒或氣喘而咳嗽，而是因為沒灌腸，宿便產生毒性大腸炎。同時長期滲便造成屁股潰爛，非常不舒服，甚至難過到吐而導致咳嗽。「我好心痛，氣到頭暈。」

那一天，在許瓊心的診間裡有著這麼一幅景象：阿公、阿嬤、爸爸，全都低頭靠牆罰站，年輕的媽媽在一旁掉淚，而許瓊心如機關槍掃射，對著家屬罵不停：「醫院開完刀後，應該有告訴你們術後的照顧，不是只擦消炎藥膏。醫師有叫你們要灌腸，你們為什麼不灌？要把便袋關起來，是你們做的決定，我也沒有意見，但為什麼今天弄成這樣？你們是打算害死孩子嗎？人家叫你們這樣照顧，你們卻另外自作主張，那幹嘛要開刀，便袋掛著就好了。……術後照顧不按照醫生的方法，神仙也救不了你們，給我回去！」

這一罵，就罵了四十分鐘。許瓊心收拾包包、走出診間，已經七點了。

「有的病人會說我這個醫生很兇，但有時候就是不能好來好去。」許瓊心說。不過，自此老人家不敢再自作主張，孩子得到正確的照顧，媳婦也多得到一些尊重，情況漸漸好了起來。

「不管是誰，敢對小病患不好，許醫師就跟你拚了！」長期跟許瓊心一起進行早產兒追蹤的個案管理師陳淑貞這麼說。

從正直與誠實的心出發，讓她剽悍無懼、讓她不肯好來好去、讓她有時變成麻煩人物，只能說，這個許醫師真的不好惹！

第四部

教師與鬥士，涙水中的傳承、不停歇的堅持

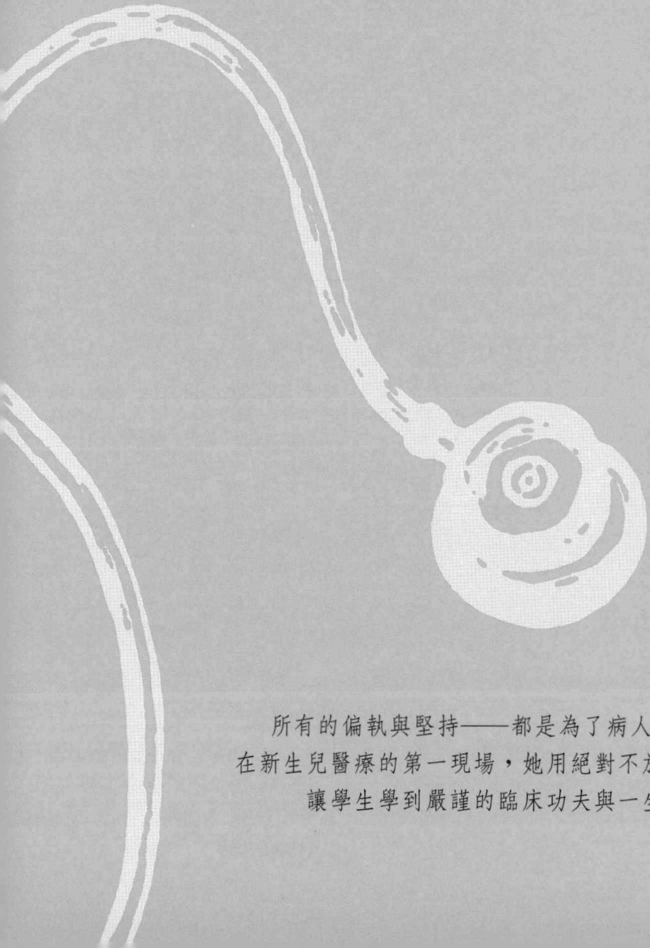

所有的偏執與堅持——都是為了病人，不為個人。
在新生兒醫療的第一現場，她用絕對不放水的訓練方式，
讓學生學到嚴謹的臨床功夫與一生的印痕。

第十一章

皮綳緊了——娘娘有令

心繫偉大想法的人，總會把小事做得最好。

——海麗葉特・瑪蒂諾（Harriet Martineau，英國作家、社會學家）

「許娘在隔壁發脾氣，等一下大家皮要綳緊一點。」

「娘娘有令，這個小孩不能讓她哭！」「什麼!?不能哭，這太強人所難了吧！」

除了許醫師、許阿姨，許瓊心在馬偕還有一個響亮的外號，就是「娘娘」。這個外號代表她地位崇高；代表她發起脾氣來，行人走避；也代表當她提出高難度或看起來很偏執的要求時，大家莫敢不從。

馬偕的新生兒病房有說不完關於「娘娘有令」的故事。「以前小朋友睡覺的時候，頭愛睡左邊就左邊，愛睡右邊就右邊。我們不會特別注意，也沒空管他們的頭怎麼轉、怎麼擺。有一天，她突然說：『我們的病人頭很醜，都歪歪的。』然後她就規定我們每隔一段時間，就要讓孩子換邊睡，『不可以讓他扁掉、歪掉，或一邊大、一邊小，不然長大會很醜。』」這是專科護理師陳珮臻說的故事。

此令一出，病房的「阿長」（護理長）為了這件事，特地做了個表格規定「單日頭要睡左邊、雙日要睡右邊」。護理長還想了很多方法，例如做個小頭圈，或床頭放個什麼來固定頭型。

病房很多小孩的活動力太好、手腳會亂揮，護理師怕孩子的手去拔管子，或者餵奶時避免孩子扭來扭去很難餵，都會用布把小朋友包起來。但許瓊心規定：「這個孩子的住院時間很長，不能綁，否則小朋友肢體的筋會因為沒有活動而太緊。」護理師感覺這樣很困擾，因為實在無法時時注意孩子的舉動，有時怕有危險，只好趁許瓊心沒注意，會偷偷地包一下。

住院醫師時期、跟隨在許瓊心身邊三年，曾是馬偕新生兒科主治醫師——黃琳淇回想當年。「有些孩子有很嚴重的慢性肺病變，只要一哭，血氧就會不穩定。她就會說：『這個病人不准讓他哭。』可是這很難啊！護理人員很忙，有些小孩一直想要有人陪，護理人員一離開就會哭。她這個要求讓大家覺得很頭痛。」

新生兒病房不少孩子有發育的問題，需要早療與復健。物理治療老師都會教家屬幫孩子做，但有些家屬沒空，護理師說：「她開指令要我們每班幫小孩做兩、三次復健。」有些小朋友容易胃食道逆流，「她規定我們，餵奶完要抱半小時。我們也知道這個指令是為了孩子好，但我們哪有那麼閒？只能想破頭看怎麼處理。」

甚至，護理師在病房洗手的方式，她也要管。「她會說：『你們洗手開的水量太小，洗得慢，會救得慢，而且會洗不乾淨。』」

除了該做的會被她盯得緊，有些多做的，也會被她盯。住院醫師說：「她覺得這個病人的狀況好好的，為什麼要幫他抽血？她會說：『你害孩子要多插一針，你不知道孩子會很痛嗎？』」護理師則說：「有些檢查她覺得不必要，如果我們多做了，她會說：『這錢你們出啦！』」

一講到許瓊心開出的「特殊要求」，護理師們說也說不完，而且常會加上一句：「她有時候真的很『番』啊！」

跟許瓊心一起工作的團隊，用「番」（台語，不講理）來形容許醫師的時候，常帶著無奈的笑聲。但他們通常都會補上一句：「其實我們都知道，她這些要求全是為了孩子們好。」

所有看似要求過高的指令，其實都來自於她想要給病患仔細萬分的照護。

「例如有些小孩，她很嚴格堅持禁止抽痰。因為有些孩子容易胃食道逆流，抽痰的動作會讓孩子害怕，造成拒食。或者她認為，肺部已經乾淨了就禁止拍痰。不需要的，就不要讓孩子不舒服。還有些規定是要用空針抽痰，不能用細管抽。總之，規定得很仔細。」

新生兒病房護理長陳揚瑜說：「許醫師對各種檢驗報告非常小心，對於病患各種生理資訊的紀錄，也要求得很徹底。檢驗一有結果，一定要在第一時間跟她回報，不能只是丟在電腦裡面等她看。她規定護理人員，每次都要檢查小孩有沒有尿尿、大便。對於一天解尿幾次，也希望很精準地記錄，因為孩子排水很重要。所以每次檢查完都要記錄。」

曾經有護理人員忘了登記小孩子的尿尿，沒有在紀錄上畫一槓，把「娘娘」惹怒了。從此加重要求不僅每次要記錄，還要把尿液秤重。「那時候，護理師每次換尿布都要去秤重，有種被處罰的感覺。」

雖然許瓊心有諸多讓人頭痛的要求，但許多護理師都認為，她提升了團隊的照顧能力。「之前她嫌病人紅屁股的狀態太多，護理長想了很多方法，像貼人工皮、或買昂貴可保護皮膚的噴劑。然後只要有一點紅，大家就會警覺。這樣的確提升了照顧品質，即便有時候會覺得煩，但大家都知道她不是故意找麻煩，而是盡量避免病人有不舒服的狀況。」為了讓小病人不會屁股紅紅的，許瓊心還會自掏腰包讓護理師去買健保沒有給付的藥膏，讓紅屁股好得快一點。

「所有的『一點點』，對她來說都是很重要的。」護理師陳秋蘭說：「她是兒科裡最火爆的。她要做的事情，即便你覺得是沒那麼迫切的小事，一定要很即時修正，不然她會暴怒。」她的學生都知道，如果沒有立刻、馬上，就等著被K。許瓊心對於迅速確實相當偏執，自有她的理由：「面對早產兒，醫學知識很重要，但細心、及時的照料更重要。因為新生兒的存活率能增加，不是只靠先進的呼吸器，也不是只靠打抗生素或產前打類固醇；而是每天照顧時，給予適當的水分、電解質，孩子有沒有大便、有沒有小便，在加護病房裡面都非常重要。」

「加護病房的孩子體重都才幾百公克，連點滴的滴數都要算得很精細。例如一天只能二・五滴，其中有〇・五滴要分給動脈導管，〇・八滴打營養針……所以計算孩子的水分，就必須從二・五滴固定總量中，仔細分出各種治療與供應要怎麼分。有個住院醫師沒有按照總滴數的方式開醫令，第三次再犯我就發火了。」

她自己同樣身體力行，在各樣「小」事上從不隨意放手。例如餵奶，就是大家有目共睹的。新生兒科主治醫師林佳瑩說：「有次有個家長來看門診，說小孩子很難餵。許醫師就在門診裡餵起奶來，看看小孩是否有吞嚥的問題，或是奶嘴洞大小不對，一餵就二十分鐘。她也可以只開個藥就好，但她就是會花時間去觀察。」

許多消化系統不成熟的早產兒，會出現胃食道逆流。搞得孩子不舒服，嚴重哭鬧又吐奶、厭奶，進一步造成營養不足。

一個小朋友有很嚴重的胃食道逆流，藥物沒效果，醫師建議要做賁門緊縮術與幽門成形術，但家長不願意開刀。為了解決這個問題，許瓊心也是親自上陣餵奶。解決胃食道逆流最好的方法，就是孩子吃完奶後要抱著，透過直立的姿勢讓食物慢慢進入胃中再進入小腸消化。許瓊心就坐在病床邊抱著孩子，一邊抱一邊看病歷，然後每天逐步增加奶量，每次增加〇・五CC。慢慢地，那個小朋友吃的狀況就變好了。

「有的醫生聽到護理師講早產兒吸奶狀況不好，通常會說，那先改成鼻胃管餵食。但許醫師會說：『下一餐給我餵。』她會透過這樣去了解孩子的吸吮、吞嚥狀況，也在餵食過程中觀察孩子發展的程度。她不會覺得餵奶都是護理師的事情。」陳秋蘭說。

專供哭泣的祕密基地

護理長陳揚瑜這麼說：「她對孩子的處理是非常個別性的。也可以說她非常了解每個孩子的需要、每個孩子的禁忌，才能給個別明確的處方。有些醫師以病為主，但許瓊心是**以人為主**，只有在孩子身上非常用心才能做到。

「我只是希望大家多用一點心，孩子會更好。比如這個孩子大便次數多，屁股都紅了，你們要讓他這樣子回家嗎？我就規定他們，晚上每三十分鐘幫這個小孩換一次尿布。」許瓊心說。

只不過她的標準真的很高，以至於病房醫護人員被「娘娘」打槍的狀況時有所聞。被罵哭的人、與娘娘互嗆的狀況都有。

新生兒加護病房有個祕密基地，就是做腦部超音波的角落，「新生兒科總醫師幾乎都跑去那裡哭過。腦神經科醫師在那裡看到我們眼睛紅紅，就會說：『喔，又被許醫師罵了？』」黃琳淇醫師笑說。

其實，加護病房的醫護團隊通常都是技高一等，自我要求高，自尊心也高，在忙碌當中出了小差池，或者某些小事做不到位而被許瓊心罵，委屈自不在話下。護理師與小病患相處的時間比醫師還多，被罵的機率又更高了。

護理長陳揚瑜說：「只要護理師做錯事，她就會直接打給我。幾年前的一個聖誕夜，有個護理師放胃管的位置不對，導致小病人不舒服。平安夜她也沒回家，在那裡生氣病人沒被照顧好。她第一時間打電話給我，要我搞清楚是怎麼回事。還有一年我去宜蘭玩，在回台北路上，她狂叩我，叫我要檢討、要改善。」

只要牽涉到小朋友的事，沒處理好，她很容易立刻抓狂。護理師們這麼說：「她生氣起來很兇，會直接罵下去。」「有時候她發脾氣，我們也會摸不著頭緒，我們覺得還好啊，可是她非常生氣。」

護理師陳秋蘭說：「她很龜毛，而且偏偏她的耳朵、眼睛都很靈。她聽診器聽一下就說：『阿姨，痰沒抽乾淨！』這就算了，她還會說：『應該是右邊（沒抽乾淨）！』還有一次，她查房時注意到有個小朋友皺了一下眉，她認為狀況有異。結果，真的！那個早產兒腸子破掉了。」

正因為她很敏銳又要求完美，要接她的球實在不容易。張弘洋醫師描述了一個具代表性的場景：「有一次她跟護理師對罵，起因是小孩子要貼血氧偵測儀，但有時候小孩會動來動去，要找適合的位子貼不是那麼容易。那一天，護理師其實已經找了很多位子貼，但怎麼貼都偵測不好。許醫師來看，希望護理師重貼，但護理師說她已經都試過了，不願意重貼。許醫師就自己上去試，結果竟然讓她找到一個合適的位置。哇，她就暴怒了，直接說：『你是不願照顧我的小孩嗎？』兩個人對罵，通常都是她贏，所以護理師就哭了。」

許瓊心的學生、馬偕醫教部副主任彭純芝醫師，很能理解許瓊心火爆的原因。「她所有的事情都要做到『剛剛好』，所以花很多時間去看很多細節。無論奶量、呼吸各方面，都希望對這個病人在這個階段是剛剛好的。她花了那麼多精力去找出『剛剛好』，卻因為你一個瑕疵而破壞，她真的無法容忍。」

氣到摔病歷

有時候她的小病患已經出院，因為別的原因來看其他醫師的診，大家也都十分戒慎恐懼。因為一不小心「脫箠」（台語，音讀為 thut-tshê，出了差錯），讓她的小病患受委屈，許醫師的「高射炮」也會隔空發射過來。

「我記得有一次，有個急診的主治醫師看了許醫師的老病友，開了口服抗生素。隔天許醫師很生氣打電話給他說：『你不知道給他這種抗生素，他吃了會拉肚子嗎？』這個醫師可能沒有看清楚過去的病歷，但不管有沒有寫在病歷上，許醫師都覺得你應該問清楚、搞清楚才對。」黃琳淇醫師說。

個案管理師陳淑貞發現：「她轉診她的病人去看別科，她都會去追蹤『我的病人現在怎麼樣？』或者在路上被她遇到，她也會問；家屬回來，她也會問：『那天你們去看耳鼻喉科，醫師怎麼講？』她不是丟出去就不管。所以別的醫師一聽到是許瓊心的患者，都不敢怠慢。」

尤其是發生讓小孩子曝露在風險下的狀況時，絕對是引爆超級炸彈。

「在病人安全這部分，我發了很多脾氣。早年黑色的老電話，都曾被我摔壞過。」許瓊心忍不住說。

「我對醫護團隊發過最大的一次脾氣，是有個小孩子沒生病，只是父母比較不會照顧，他們會害怕，所以又回鍋入住。那是新生兒呼吸道融合病毒單株抗體還沒有健保的階段，比較多呼吸道感染的小朋友，有個病房空間專門放這些感冒的孩子。他們竟然把這個孩子放到『感冒間』，我超級火大地說：『你們不知道會有感染的問題嗎？還有別的病房可以安置，為什麼要把他放進這裡？』我大發脾氣，摔病歷、摔東西。年輕主治醫師嚇到跑去別的病房說：『許娘在摔桌、摔椅了！』隔天別的病房護理師問我：『許娘，聽說妳昨天氣到要翻桌？』我還罵那位醫師：『你是大喇叭啊，有什麼好講的⁉』」

上了火的許醫師若碰到脾氣一樣火爆的同仁，那個場面就更火上加火。目前擔任耕莘專校講師的顧曼晴，是跟許瓊心認識多年的資深護理師，她描述了當年跟許瓊心兩個人對衝的畫面。

「那天有個小孩處理不好，她很生氣。住院醫師沒來，她打給『阿長』，『阿長』都不講話，她就更火了，把脾氣發在護理人員身上：『你們是怎麼照顧病人的⁉今天組長是誰？』剛好那天我是大夜組長，我說：『妳是怎樣，要不要拿健保卡來，我帶妳去看精神科！』她把病歷往我身上摔，我就把小孩子的洗澡布往她身上丟。她的住院醫師在旁邊看得直發抖。第二天，她買杯咖啡給我說：『阿姨，對不起，我昨天比較急躁。』沒辦法，我脾氣也很衝，所以人家說我們兩個是好朋友，也是敵人。」

病房中的眼淚真的沒少過，「她生氣，我們委屈，她也委屈；她氣哭，我們也氣哭，最後就跟她抱在一起哭。有次我從歐洲旅遊回來，碰到她因為小朋友的血氧掉了很多次在發脾氣。我對她說：『許醫師，很多天沒被妳念，今天被妳念，我感動得好想哭。』結果真的就哭出來了。」陳秋蘭輕描淡寫地說出自己的「被虐狂」，忍不住笑了出來。

現任馬偕NICU主任張瑞幸，用比較客觀的角度解釋：「加護病房是高壓的工作，只要病人有狀況，大家衝擊都很大。許醫師是直接引爆，相當直接，護理師也習慣被她念了。我很少罵，但只要講一句重話，她們私下反應同樣滿大的，因為這裡的壓力本來就極高。」

有淚有笑的「醫護家人」

護理師與許瓊心之間的情感，雖然愛恨糾結，但卻又如家人般親密。

護理師們分享：「她其實把我們當親人，所以對待我們有點像媽媽。她罵我們的時候，妳聽起來也會覺得不像醫生對護理人員，而像是媽媽在教小孩。」「人家送她什麼好吃的，她都會留給護理師；怕我們夜班太陽晒得不夠，還會買維他命D給我們吃。」

張瑞幸醫師觀察道：「每個病房裡，護理人員的尾牙或忘年會，一般醫師就是包個紅包，但許醫師幾乎都會去，而且紅包都是最大包的。有病房的護理人員還說：『許醫師去年的紅包太大包了，都用不完，今年繼續拿出來用。』護理師的忘年會，都很希望醫生不只是提供獎金，也能到場讓他們有面子；許醫師就是希望護理人員得到支持，有被關心的感覺，所以忘年會她幾乎跑遍了。」

許瓊心說：「我在團隊裡頭，護理師都很怕我，可是他們還是很愛我。我很感謝她們容忍我的壞脾氣。在我眼中，她們比我原生家庭的家人還要親。」

無論是爆烈的「許娘娘」，還是愛碎碎念的「許媽媽」，許瓊心對於要讓每個小病人都有完善對待的偏執，同樣加諸在自己身上。她給自己同樣大的壓力，每天花許多時間做細微規畫。

「我的病人今天要做什麼、明天要做什麼，我都要事先安排，有完整計畫：哪天驗血、哪天追蹤，出院前要做什麼，要會診誰，這些全要先擬好。我會犧牲自己玩樂、休閒的時間，盡量今日事、今日畢。寧可犧牲睡眠，也要把診療計畫弄好再回家，所以以前常常凌晨三、四點才回到家。新生兒學會要我們登入病人的資料，雖然可以叫住院醫師做，但我都自己登入、自己弄。病人的病歷、開醫令，我一定花時間先弄好。因為有的病人住很久、病情很複雜，出院返診要做的事情非常多，不在夜深人靜時思考，隔天一定會亂。」

二〇一七年時，曾有一位病患的資料在十月三十一日要結案。許瓊心十月二十四日從日本出差回來，碰到一對雙胞胎出狀況，二十五日又要當考官，當天考試考到一點多，她下午立刻「拚了老命把資料都登錄完」。即便在病房忙得焦頭爛額、沒空休息，這些別人眼中的「小」事，她一點都不肯鬆懈，甚至還提早完成。

而且，她連查房都不輕言放過。資深主治醫師一天查房一次很常見，但許瓊心不只常一天查房超過三次，團隊裡的成員都說：「她出國前第一件事，是把旅行箱扛到醫院，全部病人看過一輪之後才出國。回來也是，旅行箱先扛到醫院，全部病人再看過一輪，才回家。」

擔任新生兒科醫學會祕書長的張弘洋醫師，提到許瓊心很「誇張」的出國安排，「有一次去香港開會兩天。她第一天去當主持人，還想主持結束後，隔天一大早就飛回台灣查房。」張弘洋心想：「有需要這樣嗎⁉」還好後來許瓊心打消了這個念頭。「如果出差行程開會太少，玩樂太多，她也不願意去，寧願留在醫院，隨時可到病房查看。」

別人看她：「她就是什麼事情都希望盡善盡美。」許瓊心看自己：「我的壞習慣是，我很多事情喜歡自己做。」

一個無眠的夜晚，許瓊心坐在她的「寶座」前，準備某個孩子的出院計畫備忘單。只見她印出來的紙上密密麻麻地寫著：通知社工師協助出院租借氧氣製造機、氧氣鋼瓶；通知陳珮臻護理師，請家屬來學早產兒一般出院衛教、chest PT（Chest Physical Therapy，胸腔物理治療）衛教、給藥衛教、CPR衛教；讓家屬學餵鐵劑；出院前指導家屬使用吸鼻器；出院當天給適當大小的新鼻胃管一條；贈與親子共讀衛教小冊子、提供按摩光碟；請家屬準備兩件隔離衣，照顧病人時使用；給眼藥膏讓家屬帶回，有鼻屎塞住時塗鼻腔；出院當天量身高、體重、頭圍……。

即便細節都在她腦中，每個孩子要出院，她都會仔仔細細再來一遍，絕不肯馬虎。

許瓊心曾被問到：「妳如何管理時間？」她回答：「我不需要管理時間，我只要管理病人的醫療。」這鉅細靡遺的出院備忘錄，恰恰表現了許娘娘所有的偏執與堅持——**一切都是為了病人，不為個人**。

第十二章

沒有教授頭銜的教授

人不是生下就是天才，而是逐漸成為天才。

——西蒙・波娃（Simone de Beauvoir，法國作家）

若說許瓊心是台灣新生兒醫學界的大教授，應該沒有人會反對。馬偕醫院小兒科比她年輕的醫師，幾乎都是她的學生，她在台大醫院每週一次查房的臨床討論會，也教導了一批又一批的住院、實習醫師。每一年馬偕住院醫師票選的「優良教師」，都有她的名字。

但「許教授」沒有教授頭銜，沒有博士學位，沒有專門著作。她是**在新生兒醫療的第一現場，用絕對不放水的訓練方式，讓她的學生學到一身嚴謹的臨床功夫**，並且深深印上

「對病人好，有什麼不好」的價值觀。

沒有天才型的醫生

新進的住院醫師遇到許教授，他的時鐘就得開始倒數了。「我給住院醫師的蜜月期只有兩個星期。」許瓊心說：「第一個星期教、第二個星期提醒，第三個星期希望他們就要開始自己思考判斷：之前做了什麼、目前狀況怎樣、接下來打算怎麼做？」

蜜月期過了，景象會變成這樣——住院醫師報告：「老師，這個小朋友Ph值不好，七．二七；CO_2五十八；血氧五十四。」許瓊心不說話。如果住院醫師這時腦筋還沒轉過來，接下來就會看到沉著臉的許醫師說：「然後呢？你不處理嗎？你要等我告訴你怎麼做嗎？」這是第一次沒有達到標準時，許老師較為「溫和」的反應。如果是連續兩、三次的累犯，劈頭Ｋ一頓「你不用腦筋嗎……。」絕對免不了。

換了另一個學生，努力地提出想法：「血氧不好，我打算氧氣調到四十五、調到五十，呼吸器想調到三十二……。」這時候只見許老師面無表情，看著學生問說：「你為什麼要這樣做？給我三個理由。」

學生囁囁嚅嚅，有點害怕，不知道自己的想法究竟哪裡錯了。事實上，他的想法可能完全正確，只不過許老師另有她的盤算。「即便做對了，我也要逼他們想為什麼。做對了，也要懂背後的思考，不是瞎貓碰到死老鼠，剛好碰對就好。」

每一個跟過許瓊心訓練的醫師，都是**從最基本的「看數據、想決策」開始**，而且是逐項數據都要思考，即便跟孩子疾病看似不相關的數據，一項也不能漏掉。新生兒科主治醫師林佳瑩說：「她不是肚子痛就只看肚子。」張瑞幸主任更進一步指出，「對於醫療細節，有些醫師是大而化之，整體好就好。許醫師會從細節去看，比方營養、處方、每個治療之後生理細節的變化；每一個變項，都會個別去看得很仔細。」這也是她訓練學生基本功夫最重要的方式。

在許瓊心眼中，「醫生沒有天才型的。每一種看似微小的基本知識都很重要，你要先知道正常是怎麼樣，才會知道異常是哪裡不一樣。」

馬偕值班的住院醫師，每天早上六點多要固定向許醫師報告她照顧的病患的檢驗數據。無論許瓊心前一天多晚睡覺，六點鐘準時電話一響，她立刻清醒聽年輕醫師報告數據。「大家都知道，跟老師報 data（數據），不能只是『報』。報完之後還要說明因為這樣，所以那樣。」

「我會藉著這個早上的數據報告時間，要他們告訴我，他們大夜時的處理、對於最新數據的判斷，以及他們打算後續怎麼治療。這是逼他們去思考。不逼，年輕醫師沒有練習的機會。我常說，你們看到數據都要自己用腦筋啊，不然你們到七十歲都會比我還笨。」

「我要他們給我三個做決定的理由，是為了讓我了解他們的思維邏輯。」因為「早產兒照護是非常細緻的工作，即便是給水分，多個零點幾、少個零點幾，都要仔細斟酌，醫生思考能力很重要。」許瓊心所注重的邏輯思考訓練，也包括能超越教科書的思考架構。「孩子的 range（範圍）很大，每個處理的方式都不一樣。學校教導的只是治療病症的標準過程，有時候下了診斷，但病患的表現跟診斷差很多，這時就需要邏輯思考。例如孩子體重雖然有增加，但三、四天都沒有尿或只有一 CC，這個孩子可能腎臟有問題，就需要思考是否要限水。」

建立實作寶典

許瓊心的學生、現任馬偕醫教部副主任彭純芝指出，「我不知道許醫師有沒有看過關於教育的書，但她的方式正是書上說的，三個循序漸進的決策訓練過程：從報告者、解讀者，到分析決策者。」

醫院每一年都會有「新兵」醫師進來，為了讓所有醫師無論資深、資淺，在照顧小朋友的品質上都是一致的，從一九九八年開始，許瓊心建立照顧早產兒以及新生兒的 SOP

手冊。「我的想法是，基本的治療方式應該沒有灰色地帶，照顧方式也要一致。舉例來說，對照體重、週數，每個血紅素該是多少算正常？什麼狀況要輸血？孩子如果在幾天內沒辦法喝奶，就要開始打營養針；滿幾天，就要開始用鐵劑。母奶添加劑何時要添加、何時孩子應該可以吃奶吃到一百CC……。」

第一版手冊的編撰者就是彭純芝，當時她是NICU唯一一個總醫師，算是所有住院醫師的班長。「在NICU想要有一樣的指引，一樣的做法，就要編手冊。」許瓊心一下達這個指令，彭純芝就花了兩年的時間，「把臨床的知識、指引、專業的文獻，對臨床有用的、平常需要查閱的資料（如用藥的劑量、檢查的程序等）和疾病的處理共識，都蒐集整理成類似SOP。」

在手冊中，包括出生週數、體重的給水標準表、點滴要怎麼打等最基本的指引都有。那時候還沒有電腦建檔，所有資料都用檔案夾一頁一頁地裝好，因為用檔案夾能一直更新、方便翻閱。「第一版有厚厚的三冊。」

許瓊心建立SOP的指令，不只可避免因不同主治醫師做法不一樣，讓學生在學習時感到混淆；也可以避免一個問題在十年前碰到，後來碰到又要再查一遍。這也讓住院醫師交接班時，都能有一致性的交接，不會因人而異。後來馬偕新生兒科的團隊，又把一些有爭議的醫療處理方式，透過每次的專業討論、整合出共識，納入工作手冊，成為大家共同的標準，也變成兒科年輕醫師的臨床教學寶典。每個人都會在最常用的地方貼上標籤紙，有需要時迅速一翻就有，不要強記很多東西，也能避免出錯。

「在這之前，雖有兒科醫學的相關用書，但比較像教科書。因為許醫師開頭，後來的年輕醫師才能有這份實作上的指導。」彭純芝說。

後來在SARS（嚴重急性呼吸道症候群）流行那一年的總醫師，當了兩年要畢業時，把三大本手冊重新修訂，變成光碟，送給老師許瓊心。之後這變成馬偕新生兒科的傳統，每兩年總醫師畢業時，就負責更新光碟送給老師，把新的實戰知識不斷傳承下去，現在已經更新到第六版。

「實作」的經驗，的確是許瓊心給學生最好的教導。

「我常對年輕的醫師說，你在病房裡不要只對著電腦看檢驗報告，要去站在保溫箱前面，看他們怎麼動。小孩子雖然不會說話，但是他們肚子餓時的哭聲，所有的一舉一動都會告訴你：他是健康的，還是生病的。電腦不會告訴你這些。」

最強大的「路人甲」

現在台灣因為少子化，兒科醫師也面臨病人愈來愈少的狀況。年輕醫師不像當年兒科全盛時期，有大量又多元的臨床個案訓練機會，所以許瓊心總是告訴學生，要善用值班時間來學習。她常說：「值班不是不讓病人死掉，你就沒責任了。值班讓你可以看到數據，分析氣體，學習調機器，學習怎麼調整藥量，看到你做一點改變能帶來的治療效果。這是最好的學習方式。」

而跟著許醫師學習，最寶貴的便是——她有教科書裡看不到的無數臨床經驗可以分享。「我要傳承的就是書上不一定有的個人經驗。我曾經碰過什麼樣的困境，用什麼方法救過什麼樣的孩子。如果小孩情況在變壞，你還是只用一般經驗性的用藥，可能四到六個小時就變壞，像這些就是時間性的指標經驗，我都會分享給年輕的醫師。」

許瓊心也常以身作則讓學生看到，即便如此資深，她依然保有現場的「手感」。

在新生兒科，呼吸治療的策略由醫師決定，但臨床上機器的操作通常是由專業的呼吸治療師來執行。機器嗶嗶叫的時候該如何調整，常常主治醫師也不太有把握。

但「許醫師常會親自動手，她是連管路怎麼接，有時候比呼吸治療師還要清楚。她都會去研究機器的眉眉角角在哪裡。像我們以前有台舊的一氧化氮治療機，常常要用的時候動不起來，大家都找不出原因。許醫師氣得要死，就自己下來研究問題出在哪裡，發現是我們開機、關機的步驟不對，才會出現這種狀況。於是她下了一道『聖旨』，標示一、二、三、四、五、六、七等步驟，嚴格規定大家一定要遵守。」彭純芝說。

住院醫師幫小病患插管插不好的時候，許醫師也常常親自示範給他們看。「個子高的醫生在幫小孩子插管時，需要蹲下，角度才容易抓對。」她告訴他們。

還有一次，住院醫師在幫小朋友插管，四號管怎麼都插不進去。許瓊心大聲問：「她什麼病？」他們回答是哮吼（Croup）。許瓊心馬上說：「管子要小一號，呼吸道縮起來了，普通管子插不進去。」其實這書上都有講，但臨場緊急時，才看得出薑是老的辣。也因為許瓊心的臨床經驗太強了，甚至連其他主治醫師搞不定的狀況，她都可以指點迷津。所以，她還有個外號叫做「最強大的路人甲」。

張弘洋醫師舉了一個自身的例子：「前一天我有個外接病人，小孩轉來已經發疳（cyanosis，變成青紫色）。我們不明狀況，正在討論要排除一些病時，她聽大家在討論，走過來撂下一句話：『這是TAPVR（全肺靜脈回流異常）。』然後人就飄走了。TAPVR是超音波很難照出來的病，產前照不出來，產後也不容易照。後來幫小孩做心臟超音波照了好幾次，發現真的是這個問題，大家都說她是神醫。」

千變萬化的考題

著重邏輯思考又強調臨床經驗，許瓊心教導學生時，一定會花時間觀察他們在做什麼。

「我們以前當住院醫師時，會客時間她會站在我們旁邊，先聽我們跟家長講些什麼。她不會自己先劈里啪啦地講，而是故意站在我們旁邊，聽我們跟家長解釋寶寶的狀況。等我們說完，她再補充，其實那也是講給我們聽的。」

彭純芝從一個負責醫療教育者的角度來看，許瓊心多年來教導學生的方式，不僅沒有過時，還走在時代前面。

「雖然，現在醫學教育看似有很多新的教學方式，其實前輩早就在身體力行。例如，我們現在有一種教學評量方式叫做『mini-CEX』（迷你臨床演練評量）的評量方式。概念就是醫學生在實際的工作場所裡，面對病人、解釋病情，老師在旁邊觀察五到十分鐘，看他做得對不對；之後告訴他哪裡對、哪裡不對，哪裡不好。因為最近十年認為，醫療工作要在實地的工作場所裡，去評估學生才有效。但在這個方法學沒有出現之前，許醫師早就已經這樣做了。她只是沒有創造出新名詞，沒有打造出評量的表單而已。」

「她像個『柯南』，帶大家抽絲剝繭去探究不為人注意的線索。也像個科學家，看到一個比較創新的想法，她會帶頭去做。而且她很活，可以把理論跟臨床結合得很好。」在林佳瑩醫師的眼中，這位老師帶給學生的絕對是「活用」的教育。

林佳瑩印象很深的一件事，就是NRP（新生兒高級救命術）資格考試。凡是住院醫師都要經過這一關。但每逢許瓊心擔任主考官的時候，考完的住院醫師都還會留在一旁旁聽，因為「她會出各種變化題，你一次可以聽到十八種考題。」

「她是模擬實境連續狀況來考學生，比方說，她會告訴你：小孩心跳現在四十，你要如何處理？如果你回答要壓胸，接著她又問你：壓胸後心跳變成二十或零，你接下來該如何處理？其實急救的原則都一樣，但她就是會想出各種情境。我在旁邊都會覺得實在太厲害了，怎麼可以這麼靈活！」

有一次許瓊心出的考題是有一對雙胞胎需要輸血，然後她叫兩個住院醫師一起站出來應考。「她會透過考題來確保你該會的都會了。還會針對不同學生的特性，出不同的題目。因為題目都因人而異，所以她也不怕你站在旁邊聽。她真的是個好老師。」

不過，跟著這位老師學習，大家都說「很硬」。住院醫師之間流傳的說法是：「沒被許醫師罵過，就等於沒有來過馬偕。許醫師如果願意罵你，就表示你還有救。」早產兒常會因為血氧不足而發黑，「你黑掉啦!?」就變成兒科醫師之間嘲笑被許醫師罵的術語。

曾經有個僑生醫師到第三年住院醫師要回馬來西亞，特地寫了張卡片給許瓊心說：「老師，妳最近罵人罵得少了，這不是好現象。」

對於許瓊心的嚴格，彭純芝分析指出，臨床診斷常存在著「這樣治療也可以，那樣也可以」的空間，兩者的差別可能只是某一種方式比較好一點。所以老師們也容易因為其實都沒有錯，就不特別去要求學生。「但許醫師會非常執著，即使這個方案只是好一點點，她還是希望讓學生知道：這樣就是比較對的。」

彭純芝也感嘆，「資深醫師很忙，常常沒有時間那麼仔細去看學生的工作表現，去讓他們精準地知道對錯。譬如說，一個呼吸道感染病患進來，通常是不需要立即打抗生素的。但若孩子有發燒，家長又常給醫師很大的壓力，如果過了幾天併發了中耳炎，再告訴家長要打抗生素，那家長就會質疑，為何不一開始就打？醫師也會想，既然家長這樣希望，那就先打吧。年輕的醫師被要求精準用藥或醫療過程愈來愈少了。」

但許瓊心會很在意，而且表達直接且尖銳。彭純芝認為，「她也可能是故意要這麼尖銳的，因為臨床畢竟沒有空間讓你隨便嘗試錯誤。或許她覺得很多事情如果沒有讓學生覺得痛，學生不會記起來，所以她要扮黑臉。」

有一次，從門診中耳炎轉來住院的病患，大家雖然都知道許醫師對抗生素的劑量非常嚴謹，但竟然有人開錯劑量。那個醫師被罵到臭頭，後來小組討論會時，彭純芝就問被罵的醫師：「被罵過之後，你會不會忘記？」那個醫師回答：「不會，再也不敢忘了！」

一生的印痕

許瓊心訓練年輕醫師，另一個經常被傳誦的事蹟，就是她對於住院醫師填寫病歷的嚴格要求，以及她會把寫不好的病歷全都刪光光。「這是我的罩門！」許瓊心明明白白地說：「病歷很重要，我剛開始都會教他們寫，告訴他們哪個很重要。如果沒寫好，第二次被退又不問為什麼，第三次再被退，我氣起來就會把病歷刪掉！」

「明明孩子有慢性肺疾病，回家要戴氧氣，這麼重要，為什麼不寫？病人有沒有視網膜病變，你不寫清楚嗎？這些都是早產兒常見的問題。你會不關心嗎？當醫生可以當成這樣嗎？」她愈說愈激動，「不動腦筋的 copy、paste（複製、貼上），更是我嚴格禁止的。」

許瓊心再次強調，「病歷是精確診療的基礎。」新來患者的病歷中，醫師應該要仔細問清楚病史，例如產前檢查在哪個醫院、哪幾個時間點做過檢查、什麼時候發現什麼狀況、做了什麼處理，之前醫師幫他們用過什麼藥物等全都要問。「可以提醒後來的醫生，也可以提醒診療計畫跟孩子的狀況是否吻合。」

彭純芝說：「我覺得有個要求嚴格而精準的老師，在團隊訓練裡是非常重要的。我都跟住院醫師說，如果馬偕少了她這一號人物，就少了一味。」

如果精細、思考、實作是她給學生最重要的訓練，那麼，對病人的態度，應該是她潛移默化，帶給學生最大的影響。

張弘洋便說：「照顧病人是她一生的職志，這也影響了我們。之前忘年會時，我跟其他科的醫師說，等一下九點多我還要回去查房，因為病人的狀況沒那麼好。別科的醫生問我：『家長又不在，你為什麼要這個時候回去看病人？為什麼不打電話交代值班醫師就好？』他連問了三次。我想，這就是我們從許醫師受教得到的影響——狀況許可下，一定要親眼看到病人。」

不只張弘洋如此，馬偕新生兒科的特色之一，就是主治醫師幾乎都是一天多次查房。沒有人硬性規定，只因為有個身影走在他們前面做示範。

「在那個當下很辛苦，不過後來從馬偕畢業的學生，最感謝的都是許醫師，從她的身教看到許多典範。後來我自己在處理臨床的病人，都會想：許醫師可以做到這樣，為何我做不到？像以前她下午門診可以從兩點看到晚上九點，從第一個看到最後一個都是一樣的態度，沒有因為很累就不在意病人的問題，或忽略看病的流程，快點結束。這影響到我成為主治醫師後，去學習她的態度；我認為不能讓她丟臉，因為我是她的學生。還有她能同理家屬的心情、為他們設身處地也影響我很深。只能說，我今天當主治醫師，如果得到病人家屬的讚美，得要感謝她在我當住院醫師時，讓我看到許多的典範。」

「那像一種印痕。」林佳瑩醫師做了絕佳的形容。**視病如親，不是一種空虛的形容詞，而是即便在微小的醫療事務上，都為了病人著想而不肯鬆懈**。許教授身教的典範，深深烙印在學生的心上，這樣的印痕，比一切技術的教導更為寶貴。

第十三章

不停歇的鬥士與夢想

為成就大事，我們需要的不只是行動，
還要夢想；不只是計畫，還要相信。
——安那托爾・法朗士（Anatole France，法國作家）

二〇一〇年，中央健保局（現為衛福部健保署）發布了一條新聞稿，標題寫著：「給早產兒多一道防護，『呼吸道融合病毒』感染新藥納入健保給付」，這道防護從當年十二月一日起開始實施。到了二〇一三年，給付對象又加入罹患先天性心臟病的嬰兒。

這一則小小的醫療新聞發布當時，除了早產兒父母，沒有太多人注意，比不過當年美牛進口管制、颱風、花博等社會焦點。然而，對於台灣許多脆弱的新生病兒，這卻是他們人生的大事。

「呼吸道融合病毒」號稱「早產兒的SARS」，因為這雖是二歲以下孩子下呼吸道常見的感染病毒，但如早產、先天性心臟病、慢性肺部疾病等高危險群的嬰幼兒，可能在感染後幾天內就出現呼吸急促、喘鳴、肺炎，甚至呼吸衰竭，以致死亡。雖然，許多其他國家早就在幫有需要的新生兒施打呼吸道融合病毒的疫苗（正確名稱為「呼吸道融合病毒單株抗體」），但因為價錢昂貴，每施打一劑需要兩萬多元，而且至少要打五劑，絕非一般家庭可以輕易負擔。

在健保局發布通過的那一天，馬偕醫院的樓梯間有個人一邊爬樓梯、一邊掉眼淚，那個人就是許瓊心。她不是難過，而是高興激動得哭了。為了幫台灣早產兒爭取這項單株抗體納入健保給付，她前後奮鬥了七年。無數的公文、無眠的夜晚準備報告、一次又一次的說明會議，終於看到那扇門開了！許瓊心回想這一段經歷，她強調的不是辛苦，反而是帶著驚歎，因為過程中，她感受到上帝一步一步神奇的帶領。

半年燒掉一百萬

故事，是從一筆一百萬元的捐獻開始的。

二〇〇七年，馬偕新生兒科洪漢陽醫師的病人家屬，因為感謝馬偕團隊的照護，捐了一百萬元到馬偕的「社會服務室早產兒基金」。當許瓊心聽到這件事，她的第一個反應是：「啊，可以用來幫早產兒打那很貴的呼吸道融合病毒單株抗體了！」許瓊心動作很快，「我立刻就去跟社會服務室主任鄭頌苑牧師說，單株抗體國外都有打，台灣人口擁擠、氣候潮溼更容易感染，我們可不可以買來給小朋友？」許瓊心還理直氣壯地說服鄭頌苑牧師：「錢是拿來花的，不是拿來囤積的！既然有這捐款，就拿來用在孩子身上。錢有用就會再進來啦。」

沒想到這招真的有效，馬偕成為台灣第一家醫院——將這個單株抗體使用於超低體重早產兒身上，預防出院後呼吸道融合病毒感染。因為這種單株抗體實在太貴了，不到半年，一百多萬元已經燒完。看著經費沒了，社工師搖頭跟許瓊心說：「許醫師，妳花錢花好快！」

眼看似乎沒路了，但上帝仍繼續鋪路。「沒想到，後來因郭台銘董事長的太太曾馨瑩在馬偕生產，所以他們又捐了一百多萬。」馬偕仍然大方地將這一百多萬給新生兒科繼續「燒」，「合計我們花了三百多萬替早產兒打單株抗體。」許瓊心說，上帝差派企業家來幫這一把，不只多造福了十幾位小朋友，而且「我們發現，這種單株抗體保護早產兒的效果非常好，我就把資料全蒐集起來，成為證據。」

不只如此，一位媒體工作者Uki媽媽，因為她的孩子也受惠於馬偕提供的單株抗體，當她聽到許醫師說：「沒辦法再給小朋友施打了，因為沒經費。若要延續，除非能夠得到健保給付。」她告訴許瓊心，「這件事我可以幫得上忙。」透過她直接寫信給相關單位，讓呼吸道融合病毒與單株抗體的議題，成功引起官員與立委的注意。

早產兒基金會也聯絡立委幫忙，當時的立委黃淑英邀請健保署科長出面，讓許瓊心踏出重要的一步。在一場關鍵的說明會中，她再度用當初說服社服主任的理論來說服官員。「我們花了一、兩百萬救起一個早產兒，若他後來因為呼吸道融合病毒感染，以致於喪失生命，前面那些錢豈不是白花了⁉」她將之前馬偕花了三百多萬元施打單株抗體的成果數據，帶到大家的面前：「你們看，這是馬偕的成績，實實在在真的有用。」

其實在這前幾年，許瓊心已經為了爭取單株抗體得到健保給付，發過五次公文到健保局，但都沒有下文。這三百多萬元所建立的成績單，成為一塊敲門磚，讓許瓊心能夠更進一步、前往最關鍵的藥事審查委員會進行報告。「本來我們使用端是沒有權利到藥委會裡面講話的，正因為當初這三百多萬我們才有數據資料能去爭取。整個過程就好像上帝先預備了一百萬，馬偕不吝惜給了出去，祂就再預備更多、更多。」

上帝一方面開門，一方面還幫許瓊心挪去路障。原本對這件事情態度保留的藥委會主委，在那次報告期間恰好出國，而代理人態度開放，許瓊心的報告又讓人感受到如同媽媽在為自己的孩子爭取用藥，打動在座多位藥事委員。大門打開了，第一版的健保給付，提供二十八妊娠週數以下出生的早產兒施打。台灣的早產兒終於像其他先進國家一樣，可以得到一面重要的防護盾牌。

「我常常覺得上帝都會拉我一把，那次如果主委沒出國，局勢不會如此。是上帝在做手腳（笑）。對的事情就去做，我相信上帝希望我們的孩子也一樣受到保護。」

被困住的鯊魚

呼吸道融合病毒單株抗體通過健保給付之後一年，又出現令人頭痛的新狀況：廠商要退出台灣市場。原因是健保署想對廠商砍價。當時這個單株抗體在英國的掛牌價是一劑一萬五千多元，健保署認為，台灣不應該要價兩萬多元。但廠商指出，英國市場大，使用的範圍還包括心臟病的小朋友，因為量大，所以價錢低，鄰國日本一劑同樣要價兩萬多元。如果砍價，藥商不敷成本，就不得不退出台灣。

狀況看似不妙，許瓊心卻說：「這一次才真的是上帝在發威。」

早產兒基金會找來曾是兒福聯盟執行長的立委王育敏，許瓊心告訴她：「如果廠商退出，健保不給付，但因為藥品的輸入許可已經通過，那以後就會變成有錢的人才有能力專案進口給孩子施打，但窮人的小孩就被排除在外。妳要台灣社會的醫療變這樣嗎？」

經過立委與健保署一番協調，許瓊心竟然又得到機會去藥委會講話。「他們只給我五分鐘。」

報告的前一天，許醫師睡在醫院，整個晚上輾轉反側睡不著，因為她總覺得準備的報告內容不夠打動人。第二天是星期四，七點半早會恰好是馬偕醫院院牧部輪到小兒科晨會內的禮拜時間，她帶著有點沉重的步伐，走入講堂去參加晨會。沒想到當天講道的內容，上帝彷彿知道她內心的困擾，從天上送下了幫助。「牧師講了一個鯊魚被流刺網困住的故事，如果鯊魚被困住、沒辦法動，就會無法呼吸而死掉。聽到這段，我腦子浮現那些慢性肺疾病的早產兒，得到呼吸道融合病毒，呼吸不過來的景象，感覺真像上帝為我預備的。」

當她走進當天報告的會議室，已經胸有成竹。「那天我改用這個故事來說明。早產兒如果得了呼吸道融合病毒，就會像鯊魚被流刺網困住，無法正常呼吸。『我們要我們的孩子這樣痛苦嗎？』我問在座的每個人。」這帶有畫面的一番話，打動了與會的人。

不只如此，她講完後，竟然有個委員繼續做球給她發言，提問說：「除了早產兒，那先天性心臟病的小孩呢？」

「報告委員，我們都很節省，藥如果沒用完，我們都會轉給心臟病的小朋友用，他們也非常需要。」許瓊心趕緊打蛇隨棍上。其實當初第一階段遊說，她曾想把容易受到呼吸道融合病毒攻擊的心臟病童也放入給付對象，但因為預算太過龐大，當然被退回了。沒想到有了第二次機會，竟然可以舊話重提，而且整個報告時間遠遠超過五分鐘。

就在這次報告之後，健保署不僅把給付標準提高到藥商可以接受的額度，順利解除危機，更棒的是，二〇一三年六月，心臟病嬰兒也列入給付對象。

每回講到這超過所求、所想的結果，她都充滿了激動與感恩。「我不是很乖的教徒，可是我常常感覺上帝在旁邊踢我一腳、拉我一把。」

其實七年的爭取過程中，許瓊心不只為了提數據、寫公文、跟主管單位花了很多時間來回溝通，醫學會裡面也有聲音質疑她：代替藥商爭取昂貴的單株抗體納入健保給付，是不是有圖利廠商的嫌疑？

但她總是義正嚴詞地說：「小孩子不會說話，我們不幫他們爭取，誰幫他們忙呢？」她認為，「上帝揀選我在私人醫院工作，使我比公立醫院醫師有更大的空間，馬偕又有這樣無私的環境、有這樣的牧師，我有什麼好怕的!?我們要做對的事情啊！」

多年的努力，幾次的峰迴路轉，許瓊心的努力完全沒有白費。從二〇一〇年通過至今，單株抗體降低了台灣早產兒出院後、因為感染呼吸道融合病毒而住院的八〇%以上的機率。

「所以我們都說她是『呼吸道融合病毒之母』。」擔任新生兒醫學會祕書長的張弘洋醫師這樣說。

事實上，許瓊心為新生兒爭取到的，並不只有呼吸道融合病毒單株抗體。在她擔任新生兒醫學會醫療事務委員時，許多幫助早產兒家屬減輕負擔的藥材給付，包括中央靜脈導管、呼吸管路、臍導管等，都是在她的爭取下給付過關的。

每一次都是奮鬥，而且是長時間的纏鬥，就像許瓊心描述的：「常常寫公文寫到『起痟』（台語，抓狂）。寫公文得要符合規格，因為寫得不到位，公文不斷往返，一直搞不定，後來健保署的人還教我怎麼寫公文。給付通過後，還有給付規定，以及這項醫材的適應症是哪些……都要我們自己寫公文。持續不斷地寫公文，因為呈交上去後，組長上面還有科長，科長可能會有意見。有時候查房查到一半，電話來了，就要趕緊到電腦前面叫出資料修改。跟健保署開會也要花時間，專家會議、共同擬定會議（編按：給付項目及支付標準共同擬訂會議）都要去跟他們說明、做攻防戰……。每一項申請通過，至少要花費一年以上的時間。」

每一次，懷疑與阻力都不小，但為了台灣的孩子，即便被人質疑，她也從不避嫌，就是做自己認為對的事情。

許瓊心目前擔任新生兒科醫學會理事長，以及早產兒基金會董事，為了讓早產兒的家屬減輕負擔，她的努力從沒有停下來。「現在早產兒父母需要自行負擔的特殊醫材，一個月大概要花到兩、三萬元，等於是一個普通上班族快一個月的薪水。我們每天都在喊少子化，現在好不容易生下來的孩子，就要幫助爸媽把他們照顧好啊！」

像她為了嬰幼兒用的多種維他命針劑，就跟衛福部食品藥物管理署（簡稱食藥署）的官員進行攻防。多種維他命針劑，是需要靜脈營養的早產兒每天都要補充的，目前健保給付的多種維他命針劑，是大人、小孩都用同一種。

「食藥署有打電話給我，我說：『你拿大人用藥給小朋友用是不合適的，維他命 K 會過量。』各大醫院雖然有專任人員去調配安全的劑量，但這不應該是政府對待小孩的方式。此外，口服鐵滴劑明明是早產兒每天要用的，但健保核價才一百多塊，可是一百多元的便宜產品並不好用，很多早產兒用了就吐、還解血便……小朋友的身體很敏感，藥品好不好還是有感覺啊！我們覺得好用的產品，處方藥買起來要五百多元，卻要家長自費，造成一般中產階級以下的家庭很重的負擔，這合理嗎？孩子明明可以過九十分的生活，為何要讓他們過六十分的生活品質？」

已經認識許瓊心超過三十五年的早產兒基金會執行長賴惠珍指出，早產兒基金會大部分的遊說議題都是由許瓊心提出。「因為她知道困境在哪裡。不斷在做功課，還一直算成本。大至與官方的互動，小到健保表格都是她在處理。會務需要她協助時，她都會跟著我們全台灣跑透透。基金會公關宣導組請她提供資料，她總會趕工做到天亮。」

賴惠珍感嘆：「許醫師為了早產兒是『一生懸命』（編按：源自日文，指用最大的決心、傾盡全力）；不只是臨床上付出一切，並且遊說倡議，關心未來要出生的千萬個早產兒。早產兒基金會每個階段都有她的身影。」

下一階段的夢想

張瑞幸醫師便這麼形容她，「許醫師一生的志業，就是全心全力讓台灣的小朋友過得更好。她對台灣有很重的感情，所以在她心中對於台灣孩子的未來抱有相當大的期許。希望他們都能很健康，希望政府能夠給予好的照顧……為了孩子，她會去fighting（奮戰）。」

這位鬥士，從二〇一九年六月開始，因為醫師退休年齡的規定，在馬偕新生兒科從資深主治轉為兼任醫師。不需要再專責照顧早產兒（雖然她依然花了很多時間待在加護病房），有更多時間為她心中的台灣孩子奔走。

若問許瓊心對於台灣的兒童醫療還有什麼夢想與著力之處？她閃耀著堅定光芒，「我之前的夢想是早產兒醫療全方位照顧，現在我要著力的是讓每個產婦都能好好生產。」

在許醫師眼中，台灣雖然常喊著面臨少子化危機，但很多準媽媽從懷孕開始，得到的周產期教育和照顧都不盡理想，她想要聯合新生兒科醫師與婦產科醫師往這方面共同努力。「台灣應該要針對高危險產婦做特別的照顧，例如高齡、高血壓或有特殊內科疾病的產婦。一旦產檢發現可能有問題，就須有專人提供二十四小時的醫療諮詢，回答會有什麼狀況？該不該立刻去醫院？都有人能夠告訴她們。」

「我的期待是這些產婦都能由個案管理師進行管理。早產兒都有個管師；個管師就像小孩的第二個保姆。很多家長也很謝謝我們，因為個管師會定期叫他們回來追蹤，家長每天工作，容易忘記，需要有人提醒。同樣地，很多高危險產婦也需要有人協助。有些婦產科醫師說：『有告訴產婦要去醫學中心檢查啊，但她說要上班、家裡有小孩、醫學中心要等啦……就沒去。』但你放著她們不管，等到發生問題後悔就來不及了。」許瓊心說：「國家要提供協助，讓她們不會有帶來後悔的決定，不要搞到孩子都不動了才來。」

「個管師就像產婦的保姆，高危險妊娠就是要盯著她。準媽媽說醫院難掛號，就幫她掛，路程太遠就補助計程車費，甚至幫忙找人照顧小孩，讓她可以去做該做的事。目前國家的緊急醫療政策其實已經規定，重度級急救責任醫院，只要高危險孕婦到院，三十分鐘之內就要有醫生出來處理。可是這項資訊許多孕婦不知道，她們以為到大醫院要等很久，假日及下班時間又沒有醫生。這是國家要努力去宣導的。」

關於懷孕階段沒有得到適當的諮詢，她心痛地舉了一個例子。馬偕有個產婦，第一胎是剖腹產，第二胎選擇在一般診所產檢，診所的醫生告訴她：「妳第一胎雖是剖腹產，不過第二胎仍可選擇陰道產。通過陰道生產，對孩子的健康比較好。」然而這是很危險的事情，因為第一胎剖腹，第二胎自然產，可能會有子宮破裂的風險。如果要自然產，至少需要到設備完善、團隊經驗夠的醫學中心，才能保障萬一發生狀況，立即得到適當的救治。

「然而，沒有人告訴那位媽媽一定要到大醫院生產。結果她在診所自然產，導致子宮破裂。小孩子生下來，診所也不會急救，雖然緊急送到馬偕，卻也來不及了。結果媽媽子宮切掉，小孩子死了，成為永遠無法挽回的遺憾。」講到這段經歷，她不禁搖頭嘆息。

許瓊心不只一次告訴政府官員，「產科醫師都說衛教效果不好、患者不聽話，但我說你教十個，好歹有兩個會聽話，那就救兩個啊！為何不做？當年馬偕副院長黃富源醫師，還曾自掏腰包邀請國民健康局（現為衛福部國健署）的長官，告訴他們應該怎麼做早產防治教育。我那時告訴他們，不用花錢，只要政策方面多幾項督導考核項目即可，然後進行抽查。但政府一直怕政策擾民，結果弄了半天、撥出經費請早產兒基金會做海報張貼。那些宣傳海報貼在醫院的一堆海報當中，沒多久就不見了。」想到這段往事她又開始搖頭。

「我覺得自己講個不停，他們也覺得我很煩。」但即便惹人煩，許瓊心就是憑著這種很「盧」（糾纏不休）的個性，愈挫愈勇的拚勁，讓事情開始露出曙光。「我希望建立起高危險妊娠的ＳＯＰ。所以我見人就講，連續講了很多次給立委聽，總算聽進去了。」他們後來把健保署、醫事司、食藥署、國家衛生研究院全找來，「二〇一八年十二月在立法院召開了溝通協調會，醫生坐了一整排溝通心裡的苦。」國衛院群體健康科學研究所所長暨「兒童醫學及健康研究中心」召集人熊昭，聽了許瓊心的強烈建議，也認同周產期醫療很重要，決定未來要把這方面納入重點政策之一。

「我覺得事情有進展，實在很感動，感覺好開心。」因為一點突破，她的聲調又雀躍了起來，「我相信期待的事情慢慢會有進展，希望有朝一日至少可以跟日本相比。希望不要再讓孕婦因為無知，害了孩子，甚至害了自己。」

「雖然一個人的力量有限，但未來我還是會跟那些醫師、官員一個一個進行溝通。」許瓊心堅定地說：「我希望政府要對高危險妊娠孕產婦做『頂級的照顧』，這是我深深的期待。」

一輩子為了台灣的新生兒努力至今，可以確信的是，為了台灣的媽媽與孩子，許醫師仍將有許多奮鬥的故事即將發生。

第十四章

小小攀峰者！許阿姨的巴掌仙子

將陽光帶進別人生命裡的人，
無法將陽光隔絕在自己生命之外。
——詹姆斯・馬修・巴里（J. M. Barrie，著名小說家）

許瓊心醫師從醫四十多年，成功救治了無數的孩子。許多原本大家不看好的早產兒，經由她不放棄的心志與許多個無眠的夜晚，一一拉拔到可以健康跟著爸爸媽媽回家。雖然，小小巴掌仙子的成長道路有許多艱辛，但他們展現了強大的生命力，讓世人見證到——不放棄的強韌力量。每個巴掌仙子都是許瓊心永遠的寶貝，也因為他們，讓她可以大聲疾呼：**生命有無盡可能，我們的社會應該要盡力給每個孩子各樣的機會。**

以下幾位許阿姨的「小小攀峰者」，只是她照顧過的許許多多早產兒當中的幾個，他們的故事也只是眾多巴掌仙子奮鬥史當中的小片段（編按：以下故事為保護孩子隱私，都以小名稱呼）。

小佑：求子十年得到的開心寶貝

出生一個月的小貓咪，體重大約是五百到五百五十公克；二〇一三年三月，比一隻小奶貓還要輕的小佑來到這個世界，體重只有四百八十公克。躺在保溫箱中，黑黑的一小團，全身插滿了管子。

小佑是父母求子十年後得到的寶貝，但懷孕過程命運多舛。因為媽媽有抗磷脂症候群（因血液中有抗磷脂抗體而得名），這種免疫問題會導致身體排斥腹中胎兒，很難懷孕。小佑爸媽是金門人，婆家很傳統，即便兩年做一次試管，做了十年還是失敗，家人還是希望他們能夠生一個小孩。小佑媽媽決定再拚最後一次，獨自到台北租屋，配合兩家醫院的婦科及免疫科治療，打大劑量類固醇，降低身體的排斥。

只不過，打大劑量類固醇導致骨質疏鬆，小佑媽媽因而造成髖關節壞死。抗磷脂抗體會攻擊胎盤造成血栓，血液逆流無法供應胎盤，每天還要打肝素（Heparin），減輕血栓，讓胎盤有養分供應。再加上前置胎盤，從懷孕五週就有出血症狀，那時她獨自在醫院附近的頂樓加蓋套房租屋，除了買東西，幾乎都待在套房。沒想到，第十三週時竟然血崩，醫院也不願收她入院安胎（因照規定要懷孕十七週才會收）。神奇的是，子宮內的小佑竟然沒有流掉。

出血不能亂動，但免疫問題造成的血栓，如果不動會讓血流不順暢，造成更嚴重的血栓，情況猶如走在鋼索上。小佑媽媽每天都在哭。腹中的小佑似乎知道媽媽的心情，連結胎盤的那條臍帶雖只有竹籤那麼細，但命懸一線的小佑從胎兒時就意志堅強，即便營養不良，也一直撐著。

因為狀況危險，小佑媽媽特地找了張東曜醫師，每週照三次高層次超音波（編按：又稱二級胎兒篩檢超音波。一般的超音波只有做胎兒大小、心跳、胎盤與羊水量的評估，高層次超音波則可詳盡篩檢跟了解寶寶的腦部、手腳、腹壁、胎盤、羊水等），追蹤血流阻力。就在懷孕二十七週又四天，張醫師發現，血液已經逆流到媽媽身上，胎兒在肚子中滾來滾去，應該是痛苦掙扎著，建議送到馬偕醫院緊急剖腹。

小佑出生當天，許瓊心醫師帶著三個住院醫師在加護病房外待命，暫停了加護病房的其他面會，就等著搶救他。小佑剛出生就有貧血、黃疸、骨質疏鬆、腸子發育不全、便祕、尿道狹小、慢性肺病。因為太小，要插入維生的管路都很困難，但團隊的醫師成功讓所有管子一次插入。

在保溫箱的前兩週，無法排便的小佑，都是由許醫師親自幫他挖大便。她怕護理人員抓不到力道，力氣太大可能弄破他的腸子。為了讓他的黃疸趕緊消退，許醫師除了三百六十度照光，還加上風扇，幫小佑調整到合適的溫度。

住院一段時間，他開始鬧起脾氣，難以入睡，許醫師便抱著他直到半夜一點，試圖了解原因何在。後來果然讓她找到原因，原來是小佑怕熱，才會在保溫箱裡躁動不安。之後他的床邊就常出現一幅景象：護士阿姨坐在那裡幫忙搧扇子。這一招，真的改善了小佑的睡眠，每晚睡得香甜。

在加護病房捱過心臟開刀、忍受骨質疏鬆造成的骨折，還有多次血氧急降，但小佑卻是個開朗的寶寶，在保溫箱中總是帶著笑容，即便身上插滿管子，爸爸拍到的照片中，卻有多張他露出迷人微笑的照片。喜樂的心便是良藥，或許喜樂就是上帝送給小佑的禮物。經過許醫師與ＮＩＣＵ多位護理師阿姨的細心照顧，小佑出院時，體重已經超過當初出生的四倍，來到兩千三百公克。

他帶著氧氣、鼻胃管，以及馬偕團隊深深的祝福回到家。剛開始媽媽因為很緊張，幾乎三天兩頭就打電話給許瓊心。即使半夜十二點，許醫師仍會接起電話清楚指引著心慌的媽媽，逐步建立起她照顧的信心。

因為骨頭發育較慢、平衡不好，小佑很慢才學會走路。兩歲多的時候，爸爸粗糙的大手牽起那雙小手，讓小小腳丫踩在爸爸的大腳上，一步一步在公園練習，最後終於成功邁出他自己的第一步。雖然一切能力的建立都比別人慢，但小佑從小就顯現高度的忍耐力與生命力，即便因為尿道太細，做了十幾次擴張與重建手術；即便因為聽損，帶了助聽器，他仍然好動又笑口常開。喜歡跑、喜歡跳，喜歡拿筆畫牆壁，還會對媽媽灌甜甜的迷湯：「媽媽，妳頭髮放下來好漂亮！」

過去比小貓還輕，現在他是個體重超過二十三公斤的四歲壯孩子；不變的是，從小就掛在他臉上那充滿陽光、沒有陰影的笑容。

小芸：「六親不認」的模範媽媽

許瓊心的早產兒追蹤門診中，「如何讓小寶貝願意多吃點東西？」是許多早產兒家長的焦慮。每當媽媽們談到這個問題，許醫師常會打開電腦，讓她們觀看一小段影片。

畫面中，個子袖珍的小女孩、下巴才跟桌面齊高，手上抓著一根雞腿，歪著頭、張大口認真地啃著。雖然小小的嘴巴吃起雞腿來不太成功，餐桌上的食物也被她灑得亂七八糟，但看得出來小女孩津津有味的表情充滿喜悅。「不要因為怕他不會吃就多加限制，多弄點好吃、有味道的食物讓孩子亂吃，他們才會進步。」許醫師總是這麼對媽媽們說。

影片中的小女主角是小芸，一對雙胞胎中倖存的妹妹。

小芸媽媽懷胎二十二週時，工作忙碌，肚子常感覺緊緊的。因為身體健康，第一胎生產時也很順利，媽媽就沒有特別留意。直到公司尾牙那一天，她竟然痛到站不起來，救護車送往馬偕醫院，直接被送進病房安胎。十四天的時間，大號、小號都在床上，打了愈來愈重的安胎藥，全身就像被火燒、癱軟在床。二〇一七年二月，雙胞胎仍是忍不住衝出來，只好緊急剖腹，生下一男一女，體重都只有六百多公克。哥哥隔天就當了小天使，妹妹小芸出生半個月就出現肺塌陷，以及腎結石。妹妹在馬偕住了三個月才出院，慢性肺疾病是她即將面對的大陰影。

小芸媽媽還記得，出院前的家屬會談，許瓊心語重心長地告誡她兩件事。「第一，接下來半年妳要六親不認。除了你們夫妻，其他人都不可接觸小芸。第二，要先認定小芸有可能發生各種早產兒的不好狀況，明知有可能，何必讓它發生呢？所以請用最壞的打算，做最好的預防。」

小芸媽媽謹記這兩點提醒，展開滴水不漏的早產兒養育大作戰。小芸回家後的六個月內，就連阿公、阿嬤都不能來，免得傳染細菌給肺部不好的她。氧氣供應維持了一個半月，每天要吃很多藥，鐵劑、消化藥、支氣管擴張劑，媽媽做了詳細的表格，記錄幾點吃什麼藥、幾日吃什麼藥，以及心跳血氧紀錄表。大哥哥下課第一件事是洗澡、戴口罩，爸爸同樣認真照辦。

護理師教導媽媽幫肺部不好的小芸拍痰，要拍五個點、每個點拍兩百下；右背則要拍七百下，總共一千七百下，媽媽全照做了。每次門診，許醫師都會問小芸睡覺、喝奶時，心跳血氧是多少，媽媽必定對答如流。這讓許醫師非常開心，直稱讚她是個模範媽媽。

前六個月閉門不出，媽媽每天都會幫小芸復健，避免肌肉高張（肌肉不易放鬆）。六個月後雖然可以出門，但小芸戴口罩必須一直戴到三歲。這些全是許醫師的細細叮嚀。

小芸的營養吸收力不好，個子偏小、偏瘦，三歲時只有十公斤（正常是十三到十四公斤）。而且肌力較差，媽媽就讓她上體操課，帶她爬樓梯，又在家裡利用茶几、椅子、木箱設計各種爬高、爬低的障礙，讓她在玩樂中得到訓練。經過一段時間的努力，小芸已經可以從很高的地方安全跳下，也可以吊單槓、翻跟斗。接著利用美勞課，訓練她的小肌肉與專注力。為了她的咀嚼能力，媽媽每天變換花樣做各種食物，一開始小小人兒雖然嘴上力氣不夠，常咬了半天也沒吃到什麼；又因握力不夠，食物老是掉在地上，但媽媽從不設限，讓她自主吃飯而愈來愈進步。

「我都當她的未來可能很糟，所以我要做得更好，不斷刺激她。許醫師怎麼告訴我，我就怎麼做，一點都沒有漏掉。」小芸媽媽認真地說。

媽媽的付出，讓本來因為發育較遲緩而膽怯的小芸，現在成為一個勇於嘗試的女孩。除了個子小巧一點，其他發展都已經跟上腳步，口罩拿掉了、身形動作靈活，而且每天起床後及睡前時光，都熱愛自己翻看故事書。現在的小芸準備去上學了，發展遲緩這四個字，早就離她很遠、很遠。

綸綸：媽媽請幫助我，我會努力的

很多早產兒出生後，即便救活，周圍的人還是會認為那是一個「沒有可能」的生命。但現在兩歲的帥帥小男孩綸綸與媽媽，用他們的故事告訴大家：「可能」永遠存在，只要你願意給「可能」多一點機會。

二〇一七年，當綸綸媽媽腹痛、出血，到婦產科打安胎針無效，照超音波發現沒有心跳，診所緊急剖腹，急救了二十分鐘，孩子依然沒有呼吸心跳。轉送馬偕醫院到了許瓊心的手上，雖然救活了，但一切似乎都慢了一步。

許醫師講到綸綸，常說：「我很心痛，如果當初診所直接送她到大醫院生產，以大醫院的急救設備與技術，綸綸會很不一樣。」的確，因為那二十分鐘的急救，造成缺氧缺血性腦病變，使他出生不會吞嚥，不會吸吮，全身癱軟，對聲音毫無反應。也許有人會認為，這樣的孩子就是一輩子的半植物人，有些親友便勸綸綸的爸媽把這個難照顧的孩子送到養護機構。

但許瓊心從來不用這樣的眼光看綸綸。綸綸媽媽非常自責，許醫師總是鼓勵她，小朋友有無限的可能，要給他機會。她送給綸綸父母一本關於教養腦傷孩子的書籍，扉頁上她代替綸綸寫下一句話：「媽媽請幫助我，我會努力的。」

照顧腦傷孩子是件非常辛苦的事。綸綸剛回家，血氧偵測機動不動就大叫，「那時候他的吞嚥能力很差，要三餐抽痰，但綸綸會反抗，還要用腳壓著。家裡只有我一個人，心情非常緊張，不知道該怎麼辦，也很怕婆婆問怎麼會這樣，每天都在哭。」有一次抽痰卡住了，綸綸的臉變成紫色，血氧一直掉，她嚇到直喊怎麼辦。綸綸爸爸出聲要她趕緊繼續抽，所幸抽出一大坨，血氧才上來。「我的手一直抖。」這種場景不只發生過一次。

綸綸媽媽原本是個膽小，事事都要人陪的老么，因為綸綸，她蛻變為強大的母親。從初期獨自在家照顧，幫綸綸抽痰，到後來自己一人搭捷運、推著嬰兒車帶綸綸到各家醫院做早療、做針灸，前往追蹤門診……。

在媽媽的眼淚與堅強之間，綸綸就像一隻蛻變得很慢的小毛蟲，緩慢地以自己的速度進步著。如同許瓊心代替他發聲的那句話，他的確是個非常努力的寶寶。過去兩年的時間，從剛開始面無表情、眼神沒有焦點，到會笑、會轉頭追視、會翻身，跟哥哥玩耍時會趴著踢腳。在許醫師的診間會興味盎然地想抓醫師的聽診器、鍵盤。媽媽的努力，許瓊心都看在眼裡，看著綸綸的變化更讓她驚喜。「每過一段時間，綸綸出現在我眼前，他的進步都超乎我的想像。」

綸綸媽媽回憶起讓她非常感動的瞬間：原本對聲音沒有反應，被認定可能全聾的綸綸，有一天換了一副較精細的助聽器，當爸爸叫他時，他回頭了！從對聲音開始有反應，綸綸已經會熱切回應家人，甚至開始到早療學校「上學」……蛻變從沒停止過。

每回見到許醫師，都是再次得到努力成果的認證。綸綸媽媽欣慰地說：「每次回診，聽到許醫師對我說的話，都會讓我很想哭。感覺她就像慈愛的長輩，最常告訴我的話是『媽媽妳已經很努力了！』她有看到我的努力，一直強調不要跟別人比。『妳要想說他已經又會了什麼，進步這麼多，真的學會很多。』」

未來還很長，許醫師的陪伴與媽媽的用心，是最堅強的力量，共同守候著努力的綸綸蛻變為美麗的蝴蝶。

小安：從IQ七〇到IQ一一三的神奇寶貝

眾所周知，許醫師對每個照顧過的早產兒，提供非常好的「售後服務」。不過她對小安的特別服務，可能會創下紀錄。因為她持續看了小安大便的照片，足足看了一整年！

小安是媽媽四十歲時才懷的第一個孩子。身為高齡產婦，小安媽媽在懷孕前三個月就有出血現象，但她沒意識到自己可能早產。懷孕二十二週的某天，她還神經大條地跟同事說：「昨天洗完澡，水都擦不乾。」同事提醒她可能漏羊水了，才趕緊去醫院安胎。安胎到剛滿二十四週，就大量破水，必須生下寶寶。

剛出生的小安，體重六百四十公克，伴隨一連串的問題，發出好幾張病危通知。腸子阻塞要做引流、需要進行心導管手術，幾次因為嚴重血氧不足，許瓊心為了救命，必須冒著小安視神經可能受傷的風險，把給氧濃度調到很高。

當過了心導管手術那一關，許醫師告訴小安爸媽，「這裡的孩子關關難過、關關過。你們不要急，我們一步一來。」聽到她的話，小安媽媽說：「我第一次明白，我們有很多的關卡要過。」

小安在醫院住了漫長的兩百四十二天，出院時，馬偕團隊已經把她養到五千兩百八十公克。

不過，上小學前的她，總讓人擔心。因為呼吸無力、腸子又不健康，七個月大時，連一百CC的奶水都要吃上兩小時；吃完可能十秒內吐光，一直重複餵、吐。又因為弱視加上散光，看遠、看近都不清楚。從小體弱多病，常常要找許醫師報到。「在她七歲半以前，二十四小時隨時隨地可能有狀況，我們就傳簡訊給許醫師，她是我們唯一能求援的對象。她總是很快回應，告訴我們該怎麼做，安定我們徬徨的心。」

小安四歲時尤其驚險。就在那年母親節當天，她竟然沒辦法喝水，肚子鼓脹得硬邦邦地，緊急送醫院，白血球高達三萬多。後來檢查才發現，小腸跟大腸打結了，手術剪掉小腸七十公分、大腸五十公分，也拿掉了廻盲瓣（分隔大小腸的括約肌）。少了過濾的迴盲瓣，從此小安腸道內的好菌、壞菌無法區別，需要非常小心注意每天的排便狀況。

手術後，許瓊心請小安爸媽把小安每天的便便照片傳給她看，以確保她的身體狀況在掌握之中。從那天開始，許瓊心看她的大便，看了整整一年，有時還一天傳三次照片。小安甚至養成了便便完不立刻沖水的習慣，因為「要拍照片給許醫師看」。

直到上小學前，小安還因各種原因住院了四次。許醫師不管多晚都會來巡房，跟小安聊兩句。在小安眼中，許醫師是好朋友也是她的偶像，小時候的志願便是「成為像許醫師這樣的醫師，去照顧小朋友」。直到小學一年級，小安才改變主意，用非常成熟的語彙表達緣由：「我想了想，自己長大可能不適合當醫師。」

雖然體弱多病，卻是個常讓大人驚呼連連的神奇寶貝。小安兩歲時第一次做追蹤評估，智商沒有超過七〇，腦部發育狀似有些問題。馬偕小兒神經科醫師何啟生說：「沒關係，來吃變聰明的藥。」這一吃就是五年。到了幼稚園中班，她的智力測驗才過一般標準（九〇以上），醫師評估也發現，她有輕微的亞斯伯格症。但令人驚奇的是，小一時的評估測驗，小安的智商竟一躍變為一二三，而且空間、邏輯分數都高於同儕二〇%。

另一個讓人驚奇的是，小安雖然視力不好，但當她拿起畫筆，卻畫出藝術性極高、讓人震撼的作品。就讀一年級時，已經可以畫出二七〇度的立面圖。她的畫作，成為許醫師的電腦桌布。雖然，亞斯伯格症讓小安與同年齡的小朋友溝通較困難，別的孩子講話時，她常會「接不到球」，但當她自在放鬆時，語言表達能力卻非常好，甚至還會跟母親談論死亡的問題。

一路走來，小安媽媽常對小安說：「妳幾歲，媽媽就是幾歲的媽媽，是妳在教我做媽媽，很多東西我們是一起學習的。」而她最感謝的，就是另一個「媽媽」許瓊心，一同陪著這個神奇寶貝成長。「我們的醫病關係已經跳脫言語，很多東西早已勝過千言萬語。」

荳荳：三百六十五顆紙星星的祝福

「那一天，荳荳的媽媽來看她。手上帶了個罐子，裡頭是一顆顆小小的紙星星。媽媽留了一張字條，『三百六十五顆星星，祝妳天天開心。』離開後就再也沒有出現了。」

雖然這個故事是二十五年前的事了，但許瓊心每回講起，仍然會為她手中照顧許久的小女孩紅了眼眶。

荳荳出生於一九九三年，一出生就是「先天性脊椎骨骺發育不良」（Spondyloepiphyseal Dysplasia Congenita）。她是馬偕有史以來住院最久的早產兒，因為沒有父母可以帶她回家。那是一個沒有健保的年代，因為無力照顧，許多殘缺的孩子常被父母放棄。這個小女孩從加護病房住到新生兒病房，再住到兒童病房。當年馬偕醫院本著人道精神，完全負擔荳荳的醫療費用，照顧她直到一歲多，才改由天主教福利會的修女帶回安排出養。

許多身體上的疾病與先天殘缺，造成她心肺衰弱，胸廓發育不全，一歲前需要經鼻插氣管內管，以呼吸器幫助換氣。許瓊心還記得，插著氣管內管的荳荳，因為固定管子的膠帶黏著鼻子很癢，常會用手摳膠帶。但膠帶摳掉了，管子移位又要重新插管會很不舒服，所以即便還是小嬰兒的荳荳，會在膠帶快要摳掉時，先嚎啕大哭。「一聽到哭聲，我們就趕緊去救她，幫她重新貼好。實在非常聰明。」許瓊心說。

然而先天性脊椎骨骺發育不良患者多種肢體變形的問題，讓荳荳從小就飽受折磨。但令馬偕醫療團隊最心疼的，是已經開始懂事、會認人的她，沒有爸媽為她的痛而擔憂、為她度過難關而喜樂。

在看似孤零零地在醫院度過六百多個日子裡，身旁的每個醫護人員都主動成為她的家人；護理師們常常會買衣服、玩具給荳荳，許瓊心更是每逢週末，就帶著小女兒到醫院陪伴她。因為荳荳的手腳特別短，許瓊心的女兒連蘭誼印象深刻，小時候媽媽都會說：「來，我們一起去陪『豆豆龍』玩。」這段陪伴，一直到荳荳離開馬偕醫院才停止。

在上帝為荳荳預備的第二個家中，當時天主教福利會的大家長王長慧修女，無論去什麼地方總把還不會走路的她帶在身邊照顧。當年的志工賴先生仍有印象：小女孩躺在修女旁邊的椅子上，雖然還不會走路，但兩隻眼睛滴溜溜地聽著大人說話，短短的小手不停地抓起乖乖，津津有味地吃著。福利會的修女、社工努力不懈地幫手腳變形的荳荳復健，復健過程要用力把手腳拉直，雖然很痛，但小女孩生命力頑強，也展現超乎想像的決心。每次到醫院復健完，回到福利會，還會主動要求大家再幫她做復健。所以，即使身形特別矮小又變形，荳荳最後還是靠自己站了起來，跟大家一起到北投國小上學。

直到小學三年級，上帝差派美國一對也是類似先天性脊椎骨骺發育不良的夫妻跨海收養她。荳荳終於回家了，回到一個充滿愛的新家。現在的荳荳，已經二十幾歲，喜歡打扮、社交活躍。雖然身高不到七十公分，卻可以獨自駕駛特製的農耕機幫父親工作。臉書上每一張照片都是大大的笑容，身邊圍繞了許多高出她將近三倍的知心好友。

當年那一罐紙星星的祝福，原本帶著深深的悲傷，但這個從馬偕ＮＩＣＵ開始，看似不完美的生命，因為荳荳的堅強，以及許多沒有輕言放棄的照顧者，寫下一篇十分美好的故事。小星星的祝福如願成真了。

附錄

許阿姨的小小叮嚀

愛產生愛，愛沒有規則，這適用於所有人。

——維吉爾（Virgil，詩人）

這些年來，我在照顧高危險新生兒特別是早產兒時，發現——良善的孕期及生產照顧才能確保孕婦與胎兒的健康。

對於準備或即將生育的孕產婦，請仔細閱讀媽媽手冊（孕婦健康手冊）：

- 懷孕前三個月多半最不穩定，可多和醫師討論營養補充（如葉酸、鈣、鐵等補充）、諮詢藥物使用及環境安全（如二手菸、環境荷爾蒙的影響）等問題，好好照護得來不易的小生命。

- 按時進行產前檢查，早期發現孕婦及胎兒的健康問題。戒菸、酒、藥物，改善營養狀況，避免感染，注意孕期保健。
- 懷孕中期要特別留意是否有嚴重嘔吐，陰道出血，胎動改變，發燒，小便灼熱感或腹瀉等狀況，都可能是身體的警告徵兆，千萬別掉以輕心。
- 胎盤早期剝離（正常情況下是胎兒出來後胎盤才從子宮壁剝離下來），是危害孕婦與胎兒生命與健康的重要疾病，孕產婦在懷孕中期出現陰道出血、突然出現的腹痛、背痛、子宮痛、子宮快速的收縮、變硬，必須盡快到醫學中心急診就醫。
- 了解自己是否屬於高危險妊娠孕產婦，並且認識早產徵兆（如胎動減少或胎兒突然劇烈活動），必須盡快到醫學中心急診就醫。只要有生產，就有可能生育早產兒。
- 早晚自己量血壓，妊娠高血壓（指孕婦不曾有過高血壓病史，因為懷孕而引起高血壓症狀）是最常見的孕期疾病，約七％的女性會因為懷孕出現高血壓的症狀。妊娠高血壓對於孕婦和胎兒潛在危險性極大，故早期診斷，控制血壓，選擇適當的時機、適當的醫療院所生產，是相當重要的。
- 有緊急狀況必須盡快到醫學中心急診就醫，目前衛福部醫事司已經為高危險妊娠制定了標準的照顧方式，孕產婦若有狀況千萬不要有：「現在去醫院，我的醫師不在」

的想法，重度級的醫療院所能立即提供完善的緊急醫療照護服務。

早產兒（特別是極低體重早產兒）出院回家後，我的養育叮嚀如下：

- 早產兒的免疫系統尚未成熟，醫院、特別是急診室，更是病毒與細菌感染高風險的地方。家長需特別留意，不要一有小狀況就去醫院掛急診，反而增加寶寶感染的風險。
- 目前在國民健康署的官網上，提供了集結新生兒科醫師、護理師等各領域專家共同編製的「早產兒居家照顧手冊」電子版。內容涵蓋早產兒的一般生活、健康及特殊問題等照護問題。協助家長進行居家照顧（可從下方 QR code 掃描下載）。
- 嬰幼兒的腦神經系統在四個月左右會逐漸成熟；到了六個月，聽到新奇有趣的聲音，會很快轉頭一探究竟。對於追尋聲音來源的反射動作，是六個月到兩歲的幼兒測定聽力的最好指標。家長可多加留意。
- 寶寶的大腦、視覺發展在兩歲前尚未成熟，因此不要使用電視、電腦、智慧型手機、平板電腦，除了影響視力，也會影響認知能力、手眼協調能力、專注力，並容易造成情緒障礙。

- 目前已有相關文獻證實，親子共讀要及早開始。親子共讀能促進幼兒認知、語言發展，啟發想像力和培養創造力。還能增加孩子與家長的情感交流，強化親密關係。
- 家長肯用心地陪玩、陪讀、按摩、做健康操，以及好好的擁抱他們，提供足夠的體能活動，都有助於早產兒健康成長。

根據統計，台灣每十個新生兒就有一名是早產兒，隨著高齡產婦增加、環境荷爾蒙的影響，這個比例只會更多、不會減少。對待早產兒，我認為第一件事情是「心態轉變」。除了不要拿早產兒跟別的嬰兒比較，也要懂得矯正年齡，才不會因為寶寶表現不如預期，而讓自己覺得挫折。

親愛的醫師媽媽

早產兒守護者許瓊心醫師與她的巴掌仙子

作者	許瓊心 口述　孫秀惠 撰寫
商周集團榮譽發行人	金惟純
商周集團執行長	郭奕伶
視覺顧問	陳栩椿
商業周刊出版部	
總編輯	余幸娟
責任編輯	呂美雲
協力編輯	林宜諄
封面設計	copy
內頁排版	copy
出版發行	城邦文化事業股份有限公司-商業周刊
地址	104台北市中山區民生東路二段141號4樓
傳真服務	(02) 2503-6989
劃撥帳號	50003033
戶名	英屬蓋曼群島商家庭傳媒股份有限公司城邦分公司
網站	www.businessweekly.com.tw
香港發行所	城邦（香港）出版集團有限公司 香港灣仔駱克道193號東超商業中心1樓 電話：(852) 2508-6231　傳真：(852) 2578-9337 E-mail：hkcite@biznetvigator.com
製版印刷	中原造像股份有限公司
總經銷	聯合發行股份有限公司　電話：(02) 2917-8022
初版 1 刷	2019年10月
定價	360元
ISBN	978-986-7778-85-7（平裝）

國家圖書館出版品預行編目資料

親愛的醫師媽媽：早產兒守護者許瓊心醫師與她的巴掌仙子／許瓊心口述；孫秀惠撰寫．
-- 初版．-- 臺北市：城邦商業周刊，2019.10
264 面；14.8×21 公分．
ISBN 978-986-7778-85-7（平裝）
1. 許瓊心　2. 醫師　3. 臺灣傳記
783.3886　108014427

生命樹

Health is the greatest gift, contentment the greatest wealth.
～Gautama Buddha

健康是最大的利益，知足是最好的財富。 ——佛陀